U0602159

# 中学生作家之旅

## 四位初中生现场限时创作集

贾楚隽　李佳颖　鲁芳宇　杨雅钧 / 著

郑北京 / 主编

深圳出版社

图书在版编目（CIP）数据

中学生作家之旅：四位初中生现场限时创作集 / 郑北京主编；贾楚隽等著. -- 深圳：深圳出版社，2023.10
ISBN 978-7-5507-3877-5

Ⅰ.①中… Ⅱ.①郑… ②贾… Ⅲ.①中国文学—当代文学—作品综合集 Ⅳ.①I217.1

中国国家版本馆CIP数据核字(2023)第120626号

## 中学生作家之旅——四位初中生现场限时创作集

ZHONGXUESHENG ZUOJIA ZHI LÜ —— SIWEI CHUZHONGSHENG XIANCHANG XIANSHI CHUANGZUOJI

| | |
|---|---|
| 出 品 人 | 聂雄前 |
| 责任编辑 | 王　民 |
| | 胡小跃 |
| 责任校对 | 张丽珠 |
| 责任技编 | 梁立新 |
| 装帧设计 | 龙瀚文化 |

出版发行　深圳出版社
地　　址　深圳市彩田南路海天综合大厦（518033）
网　　址　www.htph.com.cn
订购电话　0755-83460239（邮购、团购）
设计制作　深圳市龙瀚文化传播有限公司 0755-33133493
印　　刷　深圳市希望印务有限公司
开　　本　787mm×1092mm　1/16
印　　张　13
字　　数　152千
版　　次　2023年10月第1版
印　　次　2023年10月第1次
定　　价　36.00元

**版权所有，侵权必究**。凡有印装质量问题，我社负责调换。
法律顾问：苑景会律师 502039234@qq.com

# 目 录
## contents

## 《子卡黎》系列 / 鲁芳宇

## 《风》系列 / 杨雅钧

（作者署名及作品排列顺序不分先后）

# 《英雄画像》系列

## 贾楚隽

贾楚隽

15 岁，深圳市科学高中学生。爱好阅读（科幻、悬疑、散文）、二次元、写作、手游、足球、逛书城、逛 B 站。

人生感悟：驾驭命运的舵是奋斗，不抱有一丝幻想，不放弃一点机会，不停止一日努力。

# 读贾楚隽的作品，
# 姑且用"超越"来评价

仔细读完贾楚隽的这些佳作，我感慨万分，不胜激动。掩卷沉思，那个熟悉的少年仿佛还坐在昨日的课室。他时而埋头看书，时而抬头凝视，更是常常举手发言。

作为贾楚隽的初中语文老师，我感到非常幸运。上课时，每当我抛出一个问题无人理会时，总有一个人替我"解围"；每当别人还在苦思冥想时，他已经快速找到了答案。所以为了避免语文课堂变成他的答题专场，我有时候对他举起的手只能装作看不见。

而阅读他的作文已经成为我的一种减压、放松方式，因为他写的东西与众不同、别有趣味。

尤其是评阅学生写的随笔时，我都会在他的随笔本上停留得比较久一点，这也算是一种"偏爱"吧。因为他写的东西"好看"，常常会给人眼前一亮、出其不意的"惊喜"与感动，以至于我写评语的时候，更多的只是表达我的喜欢与肯定，而甚少去修改指正，因为我想保护和激励一株正在破土而出的"文学幼苗"。

而今看来，这株"幼苗"已长得枝繁叶茂，希望不久的将来，苗壮成长为一棵参天大树。

时隔半年再来阅读贾楚隽的初中阶段作品，我想了许久，找不到合适的词句来形容我的感觉，姑且用"超越"一词来概括，从三个方面谈谈我的一点感想。

首先，我觉得作品的创造性实现了超越。

贾楚隽天马行空的想象力、极具张力的发散思维，使作品很有现代感。

他的作品以小说为主，但是他打破了传统小说常规的叙事方式，实现了事实与虚构、现实与神话、原创与模仿的融合。

故事的有趣不在于故事情节本身，而是在于故事情节之间的转换与改写。例如《失语》一改传统小说以情感为小说文本的审美追求，更多的是呈现一种内在的因果关系。许多作品中的人物设置与情节在高潮处戛然而止、许多场景具有隐含意味等，已经呈现出"后现代主义"的特点。

其次，我觉得作品的多元性实现了超越。

借用小说家博尔赫斯的描述："世界就是一个迷宫，在这个迷宫中，过去与未来相交替，背离的、汇合的和平行的时间交织成一张不断增长、错综复杂的网。而由这样的时间所织成的网络包含了所有的可能性。所有这些可能性在叙事作品中获得了虚构再现的同等权利。这样一来，古往今来就可以任意融合。"

我在贾楚隽的作品中就读到了这样的融合。例如《渔人》有《老人与海》的印迹，而《工人事记》让人会想到《孔乙己》中的酒与豆，也仿佛能看到《变色龙》中奥楚蔑洛夫的身影。而这些都充分体现了贾楚隽深厚的阅读积淀、丰富灵动的语言表达能力。

最后，我觉得作品的深刻性实现了超越。

如果不看介绍，很难想象这些作品出自一位十几岁的少年之手，无论是视角的独特、主题的广度、思想的深度都不得不让人惊叹。例如《英雄画像》是红色主题，《星光》讲的是缉毒警，《翘课》涉及山区教育……而作品中的许多细节描写细腻生动，这些都充分体现了作者观察生活的深入细致，关注现实的敏锐性和洞察力。有些作品乍一看，觉得挺玄乎，细读之后不得不惊叹于作者超越年龄的思想深度。其作品所体现、表达出来的哲学高度，甚至让我这个中年人都颇感汗颜。

我想要表达的感受很多。作为老师，我很欣慰也很骄傲于学生的成长。

感谢贾楚隽又给了我一次愉悦的学习之旅，我衷心祝福他在文学创作之路上实现一次又一次的超越！

（梅飞写于2023年春）

第 1 篇

# 英雄画像

## 引　子

坐在画布前，他陷入了沉思。

为先生画一幅肖像画，这谈何容易！先生的头上是否有几根白发，圆框眼镜上是否有链子，长衫上的扣子哪个掉了、哪个没扣……他仿佛都有印象，却又什么都不太记得。

每天上课，那个儒雅随和的先生，在他的脑海中却宛如一个陌生人。

思考再三，他用一块布包住画布，拿起颜料和调色的木板，撑开油纸伞，向先生家奔去。

## 一、落雨

雨季果然是到了，天上的雨像砂粒一样砸在了他的伞上。

他一步一步地踩在高低不平的小巷道上，有时踩到抖动的砖块，有时踩到聚水的小沟渠。一路小跑，偶尔听到孩童哭闹的声音，或是方言喊出的吆喝声。

"总有一天我会远离这个地方。我要去大城市，要去北京，而不是待在嘉兴。"他在心里默默地想。

一座近郊的农村房子中，亮着昏黄的灯光。

先生有晚上看书的习惯。这他知道，因为他常在晚上拜访。但这画不到画里去。

他敲响了门。与以往不同的是，先生过了许久才把门开出一条小缝来。

"喔……是你呀。快进来！没淋着雨吧？"先生回过神来，脸上露出一贯和蔼的笑容。

他进门摆好了画布，先生却迟迟没有进屋。他探出头来，发现先生在门口犹疑地看着些什么。

"来画画？……抱歉，今晚可能不行。家里来客人了。"

他随先生走进里屋，果然有几个青年人正坐着，有的在喝茶，有的在拍身上沾的泥土。他心里想，这不是刚刚才来的吗？早知道就来早些了。


他坐在大门内的庭檐下等着客人离开。许久，他觉得有些无聊了，便拿出红色颜料，挤在手上，用屋檐上散开落下的雨滴一点一点把它冲散；然后又挤，等它被冲散，再挤。

他听到一阵敲门声，立马朝门缝看去。有几个警察站在门口，叽里咕噜地叫着开门，有两人还说了一大通外语。

此时，他轻微听到先生用方言向他的客人们说了一句："我们从后门走。"雨仿佛在那一刻停止了，连同他的呼吸、他的心跳、他的思考。

里屋的门被打开，他跟先生四目默默相对。"跟我们一起走！"先生扯住他的衣袖附在耳边说道。

## 二、疾行

窘迫的呼吸，伴随着急促的脚步声与雨打树叶的声音，形成了合奏。风雨像精灵一样在他耳边密语，在他脸上手舞足蹈。哪有什么闲情逸致去欣赏这雨夜！

他从小就气短，跑两三步就让他气喘吁吁，更别说是惊慌而跑了。

回头望去，警察提的灯笼忽左忽右地摇曳，径直地往这边过来。

他刚想叫先生的名字，又喘不过气来，只好作罢。

先生说："请你先跟着我们……到时候，我会跟——跟你讲明白。"


无休止的疾跑，只让他越来越累。他的步伐越来越沉重，随时想停下脚步，然后被警察逮捕。

"再往前一点就是港口！"有个人说道。

"我们坐船！"先生回答。

到了岸边，先生很快叫来一条船，大家都上去了。

过了一会儿，先生向他说清了事实。

"你应该晓得中国最近出大事了。有人想成立共产党，像俄国十月革命一样，用武装力量夺取政权。我们想和北平来的人接头，但是没想到被这帮人发现了……"

突然，船被狠狠地撞了一下。

"别动！都别动！"

## 三、朝阳

警察从船两头伸出几根枪管。

"你们还往哪儿跑？！"一个胖警官凶巴巴地说道。他们都望向先生。

先生又顶起镜框和蔼笑道："我们泛舟湖上，吟诗作乐。原本的计划便是如此。您不来，也是这个样。"

先生说着，踏步走向船头："这赏日出，是一件好快意的事。"

太阳正冉冉升起。阳光照在先生脸上，映射出一种神圣不可侵犯的光芒。

他这才第一次看清了先生。戴一副金属的细框眼镜，穿一身干净的长衫，阳光照在脸上显得他容光焕发。

胖警官指着先生："你跟我走。"

## 四、讯息

他们一起回去，都留在了先生家里，大睡了一觉。

"今天怎么还没见先生回来呢？"其中一个问。

"可能就要回来了吧。"另一个答道。

时间很快过去了几个月。

"先生！"他看见一个拿着油印小报抹着眼泪的青年学生在说。

"怎么了？同学！"一个人问道。

"中国共产党……成立了……"她抽噎着。

"那不是一件大好事吗？为什么要哭呢？"有人问道。

"可是……你们看背面……"她蹲下，泣不成声。小报上印着一行醒目大字：

"××先生为革命事业英勇就义！"

"先生……牺牲了……"

大家都沉默了，谁都知道——爱他的人会更伤心，恨他的人会更快活。

## 五、杰作

先生要求青年们都要觉醒，曾预言，不久的将来，一定会是红色旗帜的世界。

"我为先生作了一幅肖像画，谨以此缅怀我敬爱的先生。"他将画布摆在中央。

"我特地用了很多红色——先生最喜欢红色。"画上的先生，在朝阳下和蔼地笑着，音容宛在。

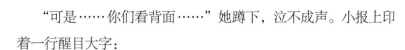

清湖点评

**本文写作要求**：以"红色革命"为题材，写一篇反映中国近代进步历程的叙事性文章。

要有"革命""牺牲"等关键词，有较多的细节描写，且不少于三处反转。

××先生没有姓名，也无需姓名。"××"，是一个借代，是一个比喻，是一个象征。他有智慧，又执着；他既儒雅，又刚强。而"他"却用红色——革命的颜色——先生一向喜欢的颜色——为先生画了一幅最美的画像。

　　本文紧扣主题要求，是一篇"红色"题材的作品。在细节描写方面，精彩到位。而且文中多次出现反转："他仿佛都有印象，却又什么都不太记得""每天上课，那个儒雅随和的先生，在他的脑海中却宛如一个陌生人""他敲响了门。与以往不同的是，先生过了许久才把门开出一条小缝来""突然，船被狠狠地撞了一下"。叙事性文章的反转，作者做了非常好的展示。

　　现场限时写作，考察的是作者审题、构思与选材的综合写作能力。作者现场写出了约 2000 多字的作文，实属不易。

第2篇

# 网络之诈

电脑前，坐着一个人，眼睛布满血丝。他一动不动地盯着屏幕，律师刚把他爸的遗言发了过来。

"什么？这个臭老头，死了后连间房子也不给我！"

他拿起鼠标，使劲砸了一下桌面。桌上的可乐，洒在了键盘上。

"哇！我的键盘！××（爆粗口）！"

"儿子，别玩了，快来吃……"

"闭嘴！臭老太婆，懂什么呀！"

他在一年多前，跟女友分手了，财产几乎在女友身上耗光了。在这之前，他也是个正经人，穿着上乘品质的衣裳，显得文质彬彬。他乐观开朗，笑声甚至可以透过隔音墙传到隔壁。

即使人们对他的评价褒贬不一，他也总是笑着。多好的年轻人！

可惜，失去的东西还是没回来。

现在，他正在游戏里找女朋友。

"亲，遇见你，是我三生有幸，请让我拥抱你吧，做我的女朋友！"每在网上遇见一个自己喜欢类型的女生，他便把这句话粘贴上。当然，最后大都落得一个"滚"字。

有一天，他又粘贴了几遍，并等待她们的侮辱谩骂。令人惊喜的是，有一个漂亮女孩回了一句："很好呀！"他高兴极了，多少天来的幻想，真的成功了一半！

他赶忙下楼，想找点吃的。一整条商业街，只有一家便利店还开着。

"晚上好，欢迎光临！"

他在英语教学环境里长大，平时很少用中文母语交流，有时还听不懂一些内地人说的普通话。他愣了一下，走进"深夜食堂"便利店。

人在网络里泡久了，本来生疏的母语忘了，说英文也变得结巴。他自己心头一惊：我怎么变成这样了？

他出生在台湾，小学、中学在香港念书，大学又去了澳门。毕业后，他却死活要来深圳工作。

他的原生家庭，父母过于软弱，不敢对他说过激的话，一味顺着他。所以，当他看到父亲的遗产清单上没有任何一样东西留给他的时候，他气极了。在跟上个女友分手以后，他在网吧一连泡了半个月，最后被大哥硬拉了回去。之后，他又在游戏里疯狂充钱。现在他连这一桶方便面的钱，也得从老妈那里讨要。

感觉吃饱了。他飞奔回家，拉着我过去见证他和她的缘分。

有新女友后，他又去找工作，很快进入了一家生产人工智能配件的工厂。因为该厂只是制造零件，生产利润偏低，普通工人只有四千元左右月薪。但他努力钻研，改造了一个加工工具，一个人能干五个人的活。老板破例给他一万多元月薪。

"长江后浪推前浪，前浪死在沙滩上。"同仁羡慕不已说。人只要认真干，就有可能逆转人生。

他是有漂亮女朋友的啊。钱仍然不够花！

他每月给她买东买西，还要在游戏里给她买装备，每个月一万多元压根儿不够花。

后来，贪婪的女友一次性索要三十多万元。他从银行借了钱转她之后，立即被她拉黑了。

转眼间，人财两空，他想不开了。他眼中流出了血泪，或许是上吊时勒出来的。

有人说钱被卷走了，他心痛而死；有人说女朋友没了，他伤心而死。网络中的生活，虽然十分方便，但结果也经常出人意料。总之，世界上，再无此人！

人们要擦亮眼睛，好好地生活。

## 清湖点评 ▶▶▶

**本文写作要求：**以"遗言、鼠标、品质、褒贬、三生有幸、幻想、母语、深夜食堂、原生家庭、方便面、见证、人工智能、后浪、贪婪、出人意料"等词语按序有机结合，完成一篇不限体裁的文章。

**故事梗概：**沉迷网络之后，"他"仿佛变了一个人，整天消极堕落，父母对"他"也是逆来顺受，在被网络中的女朋友骗光了所有钱财后，"他"选择了自杀，这就是"他"沉迷网络后的最终结局，令人唏嘘。

在规定的时间内用关键词写作，非常考验作者的想象力与创造力，此文很好地向我们展示了作者优秀的文字能力。文章不仅符合题目的要求——按照顺序包括了十五个关键词语，而且整个故事情节的逻辑发展既顺畅又合理，同时还安排了多处反转，使文章的情节充满了曲折与趣味性。以"他"在沉迷网络前后两种不同的人生状态进行对比，暗含了一种对沉迷网络后的"他"的讽刺意味，更加突出"网络是一把双刃剑"的观念，也令读者反思。

作者笔下的网络世界是残酷的。"他"遭遇了一场网络诈骗。新女友拿到"他"的钱，就拉黑"他"失联了。这就不是普通的恋爱，而是典型的"网络诈骗"了。我们应该听从作者的告诫：要擦亮眼睛，好好地生活。

# 第 3 篇

# 渔 人

渔民的工作是十分辛苦的。敖固德爷爷在太阳快出来时起床，准备出海捕鱼。

在往小酒馆去的路上，几个年轻人迎面走来。"敖固德爷爷，今年的紫薇花开了，您不去买点吗？"

他微笑，摇了摇头。

他记得，妻子生前最爱紫薇花。前年妻子过世，他便不再买了。

进了小酒馆，老板已将啤酒和报纸放在了他的"专座"上。

他端杯痛饮，好味道还是一如既往。

妻子坚持多年订的报纸，令他感到缺了什么。他拿起报纸发现，高考新规定上了头条。他想起妻子当年因为没有参加高考，放弃上大学，才来这个小渔村跟他在海上讨生活。因此，他呆若木鸡地坐了一个时辰，才走出饭馆，太阳已与楼顶肩并肩。于是，他迎着烈日出海了。

海上没什么风浪，他很顺利就到了老地方。抛上饵料，撒下渔网，他读起了攥在手中的报纸。

"大国博弈？陆上战舰？"——是什么呀？唉，终究老了。敖固德爷爷在心中感叹。

这一天还是空手而归。

渔村广播宣读着休渔期的消息。

对于他来说，休不休渔都一个样。

他来到酒馆，"专座"上摆好了便当。旁桌的人喝醉了酒，大声喧哗着。他不愿听，把便当端到了店门口。几只宠物——鹦鹉在门头上看着他。

他慈爱地望着它们，掰下几块面点，喂给它们吃。

"我一直不愿讲假话，所以不爱说话。对着你们，我就坦露心声，"他又掰下一块，"吃吧，孩子们。"

"敖固德，固爹。"鹦鹉仿佛也在安慰他，引得他放声大笑。

第二天，休渔补贴凭证已送到家门口的邮箱，纸张上几朵仿真春花，无芬芳气味，但看上去艳丽。

他拿着它，放到妻子的相片框前面。

他转身不小心把妻子的相片框碰掉在了地上，玻璃碎片满地。他突然跪倒，几百个日日夜夜的痛彻心扉的思念，终于让他瘫倒在玻璃碎片上痛哭起来。

早晨，发现妻子对他阳光一样和蔼地笑着。他将相片翻过来，紫薇花图案下赫然写着：

"我好想你！——1986 圣诞节赠敖固德"。

他拭了拭眼角的泪，也笑了。

当日，他跟着几名登山者上了山顶，摘了几枝紫薇花，心中自语："你看到了，还是会视若珍宝的。"

他把花摆在妻子新的相片框前。"亲爱的，明年花更红。"妻子好像还是在说这句话。

相片上，妻子又和蔼地笑着。

## 清湖点评

**本文写作要求：**以"紫薇花、高考、风浪、大国博弈、休渔期、鹦鹉、春花、圣诞节、登山者、明年花更红"等10个词，按序有机结合，完成一篇文章。

开头即交代了主人公敖固德的身份——打鱼人。读者可能会想："一位老渔民的身上会发生什么样的故事呢？"读罢全文，原来老渔民的背后，隐藏着一段浪漫凄美的爱情故事。作者用不多的笔墨，向读者讲述了一个凄婉动人的爱情故事，且动人心弦。

"紫薇花"是全文串联的线索，也是老渔民与妻子的爱情信物。作者用紫薇花在文中埋下多处伏笔，使故事情节连绵起伏而紧凑。

"紫薇花"象征着老渔民与妻子纯洁的爱情，也代表老人对妻子的深切思念之情。

主题明确，立意深刻，文笔精练。文中的真情实感，充满了触及灵魂的文学魅力。

# 星 光

《英雄画像》系列 贾楚隽

再睁开眼，冰冷的水滴打在他的脸上。

适应了黑暗，他环顾周围：劣质的灯泡发出昏暗的灯光，脚下散落着腐烂的樱桃；墙上散布着暗红色的痕迹，空气中的血腥味昭示着它的身份；一个壮汉从他面前那一排铁栏杆外路过，不一会儿，隔壁发出一阵哀号。

"看这里！"一块秽土砸在他的鼻梁上，里面夹杂着农家肥特有的臭味。

他望着声音源头，一个小喽啰跷着二郎腿，正捋着油光发亮的胡子："前几天你看报纸了吧？"

"看了……有一批文物回归了来着，从香港运……"

"让你说的不是这个！"小喽啰将手里的土块扔了过去，"少给我在这儿装糊涂！你肯定知道那起连环杀人案。"

"我……我真不知……"

"笑话！你一个警长，这都不知道？！在立体六角大楼里待傻了吧你！"

立体六角大楼是本市最大的贸易中心。但他没什么要买的，没理由去那儿。

除非……

"我说的都是实话。我去那儿的目的，你们自己心里最清楚。"他恶狠狠地盯住对面的喽啰。

"没想到竟然有人傻到买断所有的枪支来预防犯罪，"喽啰掏出一把梳子，"真傻啊，是不是？"

"我只能告诉你们，我除了花店哪儿也没去。"

"那个地方只在春天卖东西，还是说十一月份是哪个春花的花期？"喽啰把梳子摔到他脸上，"你把情报给谁了？快说！"

"我和那个老婆婆说，最近民生问题严重得很，有什么事可以直接找……"

"哪来的老婆婆？"喽啰把那细长的脸凑到他耳旁，"告诉我，我不会杀你。"

"二十世纪中华人民共和国刚成立时，大国博弈不停，可谓是……"

"你又在瞎扯什么？"喽啰一个耳光打在他脸上，又揪起他的头发，"你找死！"

"那就杀了我吧。可以的话，再给我来瓶酒。"

喽啰一把将他推倒："你也只能用酒精抵消恐惧了，可怜的警官。"

"我那是为了……"他尽力凑近小喽啰，"喷你一脸！"说完，他啐出一口唾沫。

枪响之后，他的血也溅到墙上。

在那之后的某一天，一篇名为《光与影》的文章登上了热搜。它讲述了一名缉毒警的一生，并对他献上敬意。

一位少年将报纸对折塞入背囊，向城市中心公园跑去。

"那就是你父亲的墓碑。"工作人员将他带到了墓碑前。

少年在那里找到一块空地，摆上鲜花、报纸和一本书。

"我在文学小镇投的作品拿奖咯，带给你看看。"他拭去眼角的泪，"你怎么没去现场？那儿可热闹了……报纸上写的是你，是不是头一次上报纸？"

只是以这种方式实在不令人高兴。他和缉毒警父亲很少说上话。要不是他在手机上看电子书时看见了新闻弹窗，他都不知道父亲牺牲了。事实上，那还是他头一次知道父亲的职业。

这种封闭与开放共存的关系使他迷惘。

他拿出了法院的判决书："法官把犯人判了死刑，你不冤，好好休息吧。"

说完，他转身向家走去。

"996之辩……不是；'双减'政策落实……不是；光与影……光与影！"

他看着儿子寄来的报纸，开怀大笑说："好啊！这回我可出名啦！"

"孩子，抬头看天吧，我也是尚在闪亮的星光！"

## 清湖点评 ▶▶▶

**本文写作要求：**将"樱桃、文物回归、立体、梳子、春花、民生、大国博弈、酒精、光与影、背囊、文学小镇、电子书、封闭与开放、法官、996之辩"等15个关键词，有机地写成一篇不限体裁的文章。

"他"是一名缉毒警，在面对罪犯的威胁时，他镇定自若，丝毫感觉不到害怕，甚至在罪犯以死相逼时，他勇敢抗争，最终光荣地献出了自己宝贵的生命。他的家人直到他牺牲那一刻，才知道他缉毒警的身份，他始终默默无闻地为祖国的缉毒事业无私奉献着。他就是文中所指的闪亮的"星

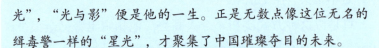

光"，"光与影"便是他的一生。正是无数点像这位无名的缉毒警一样的"星光"，才聚集了中国璀璨夺目的未来。

文章前半部分，写了有关"他"与罪犯顽强抗争时的精彩场面。一幅幅画面，被作者描写得那样生动而逼真。尤其是文中对罪犯——那个小喽啰的形象描写，既诙谐又充满了讽刺的意味。"跷着二郎腿""油光发亮的胡子""掏出一把梳子""细长的脸"，活脱脱地描绘出一副令人可憎的小人嘴脸，让人觉得可笑又可恨。

另外，在文章开头处，对他所处的环境描写也很出彩，从"灯光""脚下""墙上""空气"等各个方面，展开对环境的描写，烘托出缉毒警牺牲前的惨烈和紧张的气氛。多处采用语言描写，将缉毒警生前与罪犯的对话和心理活动，表现得生动而贴切。

在一节课的时间内，将15个风马牛不相及的关键词，有机地写成一篇文章，实属不易。相似的题型，在历年的中高考作文中，时有出现。研究生或公务员考试时，亦有类似的写作题型。

我们来看这篇《星光》，所有的关键词，运用得极为自然巧妙，不着痕迹。而且，刻画了一位缉毒警为祖国缉毒事业勇于斗争，不惜捐躯，化为了天上的一点星光，成了浩瀚星空中最美丽璀璨的风景。因有星光，东方必亮！

# 工人事记

赶工的路上总是没什么人。毕竟天都还没亮，没几个人会在路上。

他总觉着自己很了不起，能起这么早，比地主们都强太多了，因此时常与别人夸耀："我上工的时候，太阳还没起床哩！"

当然，人力车夫、小店老板，都没有被他提及。他自知，在这一方面，他是定然比不过的。

但他相当愿意和一个人比——同一家工厂的刘六。他习惯称其为"六子"。

"六子这个人实在是没有希望的了。做工慢，上工也慢，一天下来没赚到几个子儿，又去酒馆要酒喝。"说着，他会拍拍胸脯，竖起大拇指，"哪像我呀！我上工的时候，太阳还没起床哩！"

这天放工，他和六子一并到民国元年新开的酒馆要酒喝。

"来两碗酒，分开付；另要一碟煮豆——一定要好，要能下酒——我付钱给你。"

他坐下，六子把豆碟推过一点儿："马哥，你也吃吧。权当我请你。"

他伸手捏来一个豆："六子啊，你每天这样花钱是不行的。"

说着，他将豆塞入嘴里。嚼了半天，他才端起碗，吞下一大口酒。酒香和豆味交织，味道居然很好，似乎令他十分陶醉。

"是了，你大抵也认为不行吧？"六子将手在裤腿上擦了擦，抓了一把豆塞进了嘴里，"但是，我与你说，我不久就要阔绰了，上面想让我管工。"

"啊，管工？莫不是像胖老爷那样的么？"胖老爷是看着工人们做工的，人很胖，家境也好，但脾气糟到了极点。

"是呀是呀！到时候，我便可以像他一般，对工人胡乱发脾气了。我早已记恨一个人许久了……"

他吃了一惊，慌乱咽下碗中的酒，径自回家了。

"坏了，坏了！刘六莫不是在记恨我么？我早知道不该说他坏话的！坏了、坏了……"

那一天晚上，他没有睡好。

第二天，刘六果真出现在管工的位置上。

"马哥，昨晚豆、酒，可好吃么？"刘六走到他的工位，问他。

他吓了一跳，擦了擦额上的汗，惶恐地打了一拱："刘、刘老爷……酒很好，您给的豆也实在喜欢得不得了……"

"果真如此么？那好极……努力呀！到时候，我可以帮你。"

"多谢老爷，多谢老爷！……"他连忙道谢，心里很是高兴。

于是，他对刘六的评价，变成了这样：

"刘老爷实在是一个有办法的人！"

几年后，工厂关门了。幸亏他会做工，又很积极，自有别的工厂要他。

有一天早上，他又见到刘六在酒馆。

"来一碗酒……先欠着，会还……"

"得了吧！你瞧瞧门口的粉板——你已欠了几次了！"掌柜的话引来一阵讥笑。

"我……我会还……"六子很窘迫。

"我替他买。也给我来一碗酒——酒要好。"他上前去。

"啊，马哥！最近我的景况很不如意……谢谢马哥！"

"不用谢。就当是还你买豆给我的人情罢！"说完，他一口喝下酒，打了一辆黄包车，上工去了。

那天晚上，他也没有睡好。

于是，他对刘六的评价，又变了：

"您瞧，曾经给我们管工的，如今竟落得这步田地！六子这个人实在是没有希望的了，所以说得有一技之长。"这时，他会拍拍胸脯，竖起大拇指，"还得像我！我上工的时候，太阳还没起床哩！"

后来，他极少去那家酒馆，以免再遇到刘六。

## 清湖点评 ▶▶▶

**本文写作要求**：叙述、描写一个人在受到宠爱或侮辱的时候，都会有哪些"宠辱若惊"的表现。

文中的马哥，正是这样的存在：不论是在六子落魄还是得意时，他都表现出了一副意外和受到惊吓的样子。工人"马哥"和"刘六"，原先都是工厂里做工的，各自却有着截然不同的经历。从刚开始马哥嘲笑六子，到中途赞扬他是一个"有办法的人"，再到最后又开始讥讽六子，作者为我们刻画了一个前后不一、滑稽可笑的小人物形象。

文章中，马哥每次在嘲笑六子时的话术都基本一样——"我上工的时候，太阳还没起床哩！"这前后相同的话术，与后文马哥见风使舵时的样子，形成了鲜明的对比，满含讽刺的意味。

文中对主要人物形象的塑造，十分成功。作者将马哥与六子每次的对话，描写得十分真实而有趣，使人物形象的塑造立体而饱满。尤其是在马哥自知比不过能力在他之上、比他更勤奋的人，便专挑软柿子捏，和六子一起吃酒时，在他的面前故作深沉。马哥一边对六子展开"说教"，说完"吞下一大口酒"，"似乎令他十分陶醉"，每一个细节都被作者拿捏得恰到好处，将马哥故意贬低他人来抬高自己的小人形象，深深印在了读者的脑海中。文中的小人物，易因外界的变化而心生变化，根源是太在乎自我的得失，结果是反而失去自我的笃定。

故事情节，多处反转，使文章内容富有戏剧性。作者在此篇文章中，将反转的手法运用得娴熟应手，这也是本文的精髓所在。六子在工厂的地位的变化，使得马哥的态度在前后出现了巨大的反差。这样的反差，对人物形象的塑造，具有很强的艺术效果，也使得本篇小说更具韵味。

# 失　语

我家门口是一条长街，贯穿了这座异国小城。

往左走六七里路，有一栋别墅，富丽堂皇，十分气派。但到了晚上，风吹过大厅，带动了吊灯的玻璃，发出叮当的响声，是很恐怖的。

我问那家主人：你晚上不害怕吗？一个人住在那种房子里。

他用手比画了两下。或许看到了我疑惑的神情，他摇了摇头，用手机打出一行话：

"习惯就好。"

是的，他不会说话。我想 —— 如果从他失语的实际情况来看 —— 不然会更贴切。

至少他以前能。

想不想听听他的故事？

有一天，他为了买新的限量游戏卡带，从家门口一路走到了街尾 —— 几乎走完了全程。回来的时候，他为了省时间，选择了走小道。

小道的沿路至少有三个贫民窟。半路上，他被打劫了。他的手机上有作为证据的录音：

"你想打架吗？你这黑鬼！"

"以为我不敢？你个浑球！"

哦。怪不得受伤。

结果很简单：黑人小哥被判刑；他被匕首划破了喉咙。最离谱的是，他的喉结内侧声带被精准刺破，但气管——距离声带一厘米不到——安然无恙。

不得不说，黑人小哥挺会折磨人。

他赢得了一大笔赔偿金，代价就是说不出话来。

"啊！你走路不长眼吗？"

定睛一看，他与一个壮汉撞到了一起。他弯腰道歉，示意自己无法说话，然后从购物袋里摸出一个苹果递给他。

壮汉接过苹果，挠了挠自己的光头，尴尬地笑了笑，然后啃了一口，指了指手中的果实，一边说着"真甜"，一边拍着他的肩膀。

两人相视一笑，看起来多么温馨。

"你读过《老子》吗？"

"没有。"

"里面有一句话很好：夫唯不争，故天下莫能与之争。那意思和你的做法很像。"

"不，不，我并没有……"

"我觉得像你这样挺好的。与世无争，那么平静。我应该向你学习。"

"那是称赞吗？谢啦！兄弟。"

就这样，我们一路从街尾走回了他家。一路上没有什么阻碍，就只是那么平静。

有的时候，我们真的需要"失语"。不妨在着急的时候停一下，不与人争。这样在争执中，往往能"以柔克刚"。

　　这篇富含哲理性的文章，是作者在学习完《老子》后得出的真切感知。文章先是描写"我"与"他"初次相识时的场景，此时"失语"已经成为事实。然后，采用插叙的手法，向读者介绍"他"是如何"失语"的。

　　"先果后因"的叙事手法，能够激发读者对文章的阅读兴趣，引发对"失语"的思考。在围绕"失语"这件事进行描写时，作者多采用对话的方式，来对故事情节展开铺叙。语言描写，能够较大限度地还原事情发生的真实场景和经过。

　　作者想要表达的中心思想是不与人争。"夫唯不争，故天下莫能与之争"，意思是为人处世，不急于争一时之短长，而是要努力提高自身修养。若能做到这样，则天下人没有能与之抗衡的。

　　在老子的哲学思想中，有许多如"大音希声，大象无形"的智慧论断，作者正是深刻理解了老子思想，故在现场限时写作中，快速巧妙地构思了《失语》这一故事，并用极具其个人写作风格的笔触，写了出来。全文有后现代主义黑色幽默与夸张荒诞的效果。

《英雄画像》系列　贾楚隽

# 战胜且超越，击浪于时代潮头

战胜，在某种竞技对抗中击败对手，取得胜利。

超越，在某个层面获得突破。

这二者看起来没有太多内在联系。但实际上，这二者结合起来，也就形成了生命的真谛。

第一，要战胜对手。

我们在一生中会遇到大大小小的竞争。个人之间的也好，集体之间的也罢，一定要在双方中选出胜利的一方。

这时，我们就应该努力，让自己成为被命运之神眷顾的一方。从学生时代的考试，到工作时期的岗位竞选，都应如此。

不战胜对手，我们就无法超越生存。

第二，要战胜自己。

尼采说："你所能遇到的最大敌人是你自己。"

如果是用于战场，意为不应胆怯，而应该奋勇杀敌。这成了一句富有哲理的话。

我们很难说自己要干什么就能干成什么，而且干得一定好，这是因为"自己"在阻碍你。你想跑得再快一些，"自己"会嫌累而限制你；你想再变瘦一些，"自己"会觉得饿而阻挠你；你想再学好一些，"自己"会认为麻烦而阻止你。

我们要做的，是为了自己而战胜"自己"。

第三，要在战胜后寻求超越。

我们战胜了他人，使自己比别人优秀；战胜了自己，使现在的我比过去的我更加优秀。这时，我们发现自己不一般了，比原来要厉害了。这就是超越。

超越不一定指超越别人。超越自己，突破自我，也叫作超越。

每次超越自己一点点，回过头来看最开始的自己，你会发现，差距绝不止一点点。这就是为什么你阅读自己以往的作品，会觉得当时的自己写得并不好。

《老子》有云："胜人者有力，自胜者强。"战胜别人只称为"有力"，战胜自己才算"强"。

可见，在不断的战胜中取得进步，不断超越，才是生命的真谛。

没有人甘为人后，那么为何不行动起来？

让我们刻苦学习，努力超越，成为一位自强不息的"后浪"！

## 清湖点评

这是一篇比较强劲有力的议论文。文章的论点直白清晰，层次十分明了，论据也很充足。读后最大的感触，就是文章的逻辑结构很合理，使读者对文章传达出的观点理解得更加深刻。

作者在开头以及结尾处，都直接点明了本文的论点："在不断的战胜中取得进步，不断超越，才是生命的真谛。"在作者看来，战胜与超越即为生命的真谛，与文题相切合。

全文整体上分为四个部分。首先，作者分别介绍了"战胜"与"超越"的含义，然后将二者相互联系起来，引出论点"生命的真谛是战胜与超越"。其次，分别从"战胜对手、战胜自己、战胜后寻求超越"这三大方面对论点进行了论证。采用了道理论证，如引用《老子》中的名言进行论证；比较论证，如将过去的自己与现在的自己对比；示例论证，如举例说明自己在不同环境下的状态……运用多种论证方法对论点进行论证，使文章内容更具说服力和权威性，文章也更加通俗易懂。

　　"在不断的战胜中取得进步，不断超越，才是生命的真谛"这个中心论点，无疑是正确而深刻的。全文分别论证了"战胜他人""战胜自己"以及"寻求超越"的必要性，条理清晰，逻辑性强。

# "坐"而论"道"

打开门以后，有一位耄耋老人盘坐在地板上。

"我并不是歧视。"我把椅子拉开，坐了上去，"您是中国人，为什么要像日本人那样呢？这样不见得有多舒服。"

他睁开了眼，用鄙夷的眼光看向了我，缓缓地开口：

"汝当亲以试之，而后可知其益也。"

我不是精神病专科医师，但我认真读过一本关于精神病人的书，随后对这一类人产生了深入了解的兴趣。他们中的一些人有自己的奇思妙想，脑洞好像无限大。现在，我以一名自由作家的身份活在世界上，不定期地与他们中的一些可以正常说话的人进行交流。坦白说，他们的话大部分成了我书中的内容。

这次，这个人原本是很正常的。有一天，他的家属发现他着了魔一样说起了古文，便认为是精神出了问题，送进院里了。经过考查，他说的话大部分与《老子》重合。

正如开头所说的，他坐在地上，而不是椅子上。

"罢了。年轻人，时值春秋几年？"

"这……公元 2023 年？"

"什么？"他从口袋里取出几根木棍，在地上摆出奇怪的阵

列，"距彼时已有二千五百年有余！"

"您是？"我低声问了一句。

"姓李名耳。"

以下，我以对话的形式将内容呈现给大家。

我：您真的不坐在椅子上吗？

他：不坐。万物有灵，椅子也是有灵的。

我：您的意思是，椅子……

他：我并没说有任何东西。道可道，非常道。不过你的悟性很高。我欣赏你。

我：谢谢夸赞！您为何不……

他：这么说吧，椅子也是会进化的，甚至有可能和我平起平坐，和你称兄道弟……都有可能。道常无为，而无不为。侯王若能守之，万物将自宾。如果将来它和你称兄道弟，那现在你坐的就是你的好兄弟。从哪个方面来说这都不太好。

我：您说的很像进化论，物竞天择，不停止变异……

他：进化论是什么？

我：大概是指在时间的推移中，适合的生物物种得以生存，不适合的则会灭绝。但不适用于您所说的器物。

他：错！大错特错！

他突然的驳斥使我十分诧异，我坐直了身体，打起精神——那是我以往都不曾表现出的积极反应。

我：您说的"错"是指？

他：错在时间！

我：您以为呢？

他：物种 —— 指的是像鸡、狗这类的动物对吧？他们要想进化，靠的也是"大道"！

我：您说的"大道"是指……

他：这个，我自己也解释不清。其和光同尘，上善若水，其常无为而无不为，以万物为刍狗，不偏袒某一方。如果没有它，世界都无法运行。你懂吧？

我：这是否意味着，它像某些人信奉的上帝一样而存在？

他：差不多吧。我认为它比神仙、上帝厉害多了。

我：那么，它对于我们有怎样的意义？

他：这样说吧，假如我们是鱼，那么大道就是水。鱼不可脱于渊，我们也离不开大道。相反，如果我们得到了大道，那就像鱼得到了水，悠然自得。

我：我有点跟不上了。

他：这样一来，无论什么生物物种，甚至于未来的机器人，都可能拥有人类一样的智慧，就会像人一样。到那时，我们与它们不再是吃与被吃、用与被用的关系，或许它们将成为与我们对等的存在！

我愕然地回过神来，发现自己也正襟危坐在地上。


过了一会儿，右脚抽筋的痛感袭来。我艰难地站立起来，鞠了一躬，逃跑一般离开了。

我想起他对我说的话，又想到人工智能的发展，不禁对现实产生了畏惧。哪一天它们真的掌握了大道，没准儿真会成为一类很独特的存在。

它们好像是人，但绝对不是。我们一旦接受了它们进化的现实，就会对未来产生期盼，同时也有少许不安。

清湖点评 ▶▶▶

这是作者非常成功的一次创作，堪称是议论与记叙最完美的一次合体。作者与一位不知名亦不知来头的老先生偶遇、交谈，论证了"道"在万物进化之中的作用。一位耄耋老人，在其家属眼中是"有精神问题的人"。但在"我"的眼中，他是"幻化"为姓李名耳的圣人老子。他不愿坐在椅子上，而是直接坐在地上，因为他认为万物皆有灵，连椅子也是这样。于是"我"与他进行了一番对话。在他的启发下，"我"也认为万物皆有灵，"我"了解到了一种叫作"大道"的东西，而这也是老人毕生都在寻找的东西。

思考问题的角度新颖，写作方式、构思都巧妙，给人一种全新的阅读视角。这篇文章最大的亮点，是既体现了思想性，又体现了可读性。说明作者在写作上，又上了一个新的台阶。

这又是一篇蕴含深刻哲理的叙事性散文。作者运用一个生动有趣的对话故事，向我们介绍了有关"大道"的哲理。

# 第9篇

# 翘　课

《英雄画像》系列

贾
楚
隽

人生之路，左转、右转或是驻足不前，都有不一样的风景。

我和一个年仅八九岁的小男孩一起走在田间空地上。我俩素未谋面，但一见投缘，聊得很开心。

"叔叔，你……"

"叫哥。小爷我还年轻着呢。"

"哥，你脸上为啥有这么大块颜料啊？你是学画画的吗？"

"不是。这是小爷我的勋章。等你长大了……可千万别学我。好好读书长本领，把咱们村变得好一点儿。"

太阳拖着疲惫的身体一点一点地向山下爬去，点着了白云，红透了天际。我百无聊赖地从脚边摘了一根狗尾巴草嚼在嘴里，枝茎里苦涩的汁水在舌尖上绽开。

"哥，你上过学吗？"

"我？小爷我可是初中毕业！"

"哇！你真厉害！"他沾满泥巴的手捂住了嘴巴，"不像我，上到二年级就没钱继续上了。"

真可惜。我来供你上学吧！——虽然很想这么说，但我手上也没闲钱。

"说真的，你想上学吗？"我摸了摸他的寸头。他想来想去，最终还是摇了摇头。

“我不想。老师凶巴巴的，不准吃，不准玩，这不让那不让，还不如在家里呢！”

“对！我也这么想！”

太阳终于是回家了。我也不得不回去了。

“儿子……又翘课了吧？”妈轻轻拍打我的后脑。

“我……考不过……”

我为什么学习？妈希望我走出这个村子，长大之后回来孝敬她，让村子变得更好。我认为自己做不到。我和那个寸头小孩儿是一样的。从某种意义上说我也没有长大。

学不会就不想学，不想学更学不会，初中都留级两年了也考不上高中。

有一些偏远山区的孩子也是像我这样的，注定人生会有更多艰辛困苦。

即使哪一天走出去了，脑袋可能还是被锁着。

人生之初，向前是选择读书，掌握一定的知识和技能；向后是放弃自己，却有数不尽的悔恨。

我清醒了。

## 清湖点评 ▶▶▶

　　“我”是一个已经留级两年了还考不上高中的初中生，不爱学习还经常翘课；“我”是母亲眼里不争气的儿子，但“我”在那个素未谋面的寸头小孩眼里，却是一个十分“厉害"的存在。面对学习这件事，"我们"不谋而合，"我们"都是偏远山区的"苦命孩子"。

　　但正是这次意外的相遇，使"我"开始认真思考自己脚下的路，究竟该去往何处……

　　作者通过"我"和那个寸头男孩的经历提醒读者，"我"和男孩，都是因为忽视了学习的重要性，才会使自己脚下的路越走越窄。因为不爱学习，对未来感到迷惘；越迷惘，越找不到方向；越找不到方向，越厌恶学习。身处逆境中的人，只有通过不断努力奋斗来改变现状。

　　作者思路清晰，逻辑严密，具有较强的文字驾驭能力和丰富的想象力。

《英雄画像》系列　贾楚隽

# 第 10 篇

# 海风吹过少年笔尖（一）

## ——写作兴趣班纪实

世界上那么多人，能相遇本就是一种缘分。

除去亲人朋友，陪我们最久的可能就是同学。但请别被思维局限了，除去义务教育，课外兴趣班同样是结交同学的地方。

我加入一个课外写作兴趣班，但比起用"班"，我更倾向用"交流会"来形容它。它与普通的培训机构，甚至与学校的某些课程不同，是有着特殊吸引力，让你愿意再次来上课，与老师、同学交流的地方。如果你有一门喜欢的课程，那你一定盼望着这节课到来。这大概是同样的道理。

在刚开始，它并没有实际成型。

那年，我的成绩同心情一起跌至了谷底。语文少根筋的我，终于报了写作课。假期过去，我逐渐熟悉了班内的氛围，作文的分数已经在班里名列前茅。可我又不愿意停下课程，还是继续上了下去。

家长们每隔一段时间就会在一起聚餐，周期大约是两周。而我们这几位学生，则在餐桌边现场写作，家长们轮流点评。

有一回，家长们和老师商量了很久，决定成立一个团队。学生们进入了以后，创作的文章中优秀的整体或者部分会被收录，最终成为作品集。

我以前也会想象某一天朋友打来一通电话，用诧异的语气问："天啊！在某某报刊上印的文章真的是你写的？"因此，我向《读者》编辑部投过很多文章，只可惜无一被选中。现在遇着这种机会，我不经思考就选择了加入。

　　接着是关于成员。按目前的状况来看，一共八位。七位同学，一位老师。学生中，目前有一位读小学，三位读初一，两位读初二，而我是学生中最年长的唯一的初三学生。

　　老师早年当过兵，还习过武，跟着一位师傅练了几年，妥妥一个铁血男儿。不过，跟他交流久了，会发现他并不严厉，反而很是亲和，与人们心中语文老师严厉、凶狠、喜怒无常的形象恰好相反。

　　我们的上课内容很有趣，也很有价值。

　　一开始，老师教的是如何现场写作，主要是训练爆破思维。

　　有一项训练叫作"找思维点"，对学生的发散思维的训练成效显著。

　　方法很简单，只要将由一个词联想出来的、能驱使你写一篇文章的点全部写下来即可。我在学校一向以"奇妙的想象"著称，所以我自认为不会有多难。

　　事实上，刚想出来没几个，我就已经陷入瓶颈了。看身边的同学一个个妙笔生花，数量很快就成了我的四五倍，甚至更多，我心里着急，加快了思考的速度；可越是着急，越是迟钝。好不容易想出一个来，却是别人已有过的或是烂到我自己都觉得不行的。结果别人写的作文含金量很高，我的却好像流水账一般。

　　后来，老师开始带我们研读经典，以提升自我修养，提高思维的深度，边读书，边写作。老师精选了"中国人的灵魂书单"，一共20部作品，涵盖了古今中外的伟大著作。这项工程，老师一直引以为傲。

我们最早接触的是《周易》。虽说它是算卦用的，但其中蕴含的人生哲理，不论古今，一直都适用。和学校里古文的学习不同，我们不过多地探究字词翻译，而是通过学习经典来充实人生，从中领悟生活的真谛。按照《老子》的教诲，人生的目标一共两个，一是"自保"，二是"终胜"。或许我们一时陷入低谷，但我们最终的目标，是登上人生的山顶。

团队中最主要的成员，当然还是学生。课间，大家一起吃点零食，聊聊天，总是悠闲快乐。

班里的三个女生是好姐妹，经常在一起分享新鲜的见闻和美食，她们的文笔也各有各的特色，有的人作品文笔优美，有的人擅长写小说、剧本类文章，剧情十分烧脑。

有两兄弟常以网课的形式参与课程，他们是老师的儿子，不住在深圳，没法参加面授。哥哥的字体优美，辞藻华丽，有深厚的文化积累；弟弟年纪虽小，但写作能力不输大人，有自己的奇思妙想。

还有一个初二的男同学，他虽刚加入我们这个组织，但十分热忱。他写的文章幽默风趣，别有韵味。

在这个班里，每个人都是特别的，不可或缺，每个人都用唯独属于自己的色彩，绘下彩虹。

在未来，它一定会更多彩。

我期待五彩缤纷那一天的到来。

"质胜文则野，文胜质则史。文质彬彬，然后君子。"孔子告诉我们，如果文章太过质朴，则流于粗俗；如果文章太过华丽，则流于夸张。我认为，作者这篇文章，就做到了"文质彬彬"。

首先，全文没有用太多的修辞手法，而是通过回顾与介绍，把这个团队的由来、构成、特色，呈现给了大家。这样一来，全文突出了一个"真"字。

其次，全文洋溢着对老师、同学那种难舍的情感，身为团队的一员，大家共同见证了彼此的成长。

只有"文""质"结合，配合恰当，才是君子之水准。

《英雄画像》系列  贾楚隽

# 《微尘》系列

## 李佳颖

## 李佳颖

女，14岁，笔名月隐，就读于深圳市南山外国语（集团）高新中学九年级。

自小喜爱写作，爱好写诗、阅读、唱歌、弹钢琴。性格活泼开朗，担任班级文艺委员、英语课代表。从小学到初中都是合唱团低声部部长、中声部部长。从五年级开始，参加了百千阅读，养成了每月阅读两本书和每周写一篇作文的习惯，持续至今，并积极参加各种作文比赛。

从2021年1月寒假开始，在初中生写作兴趣团队里，练习各种体裁文章的写作，包括散文、议论文、小说和诗歌，并精读古文经典和世界名著，比如《周易》《老子》《论语》，以及《莎士比亚全集》等。

李佳颖希望通过自己持续不断的努力，立志成为一名作家和创作型音乐家。

# 调和文字，永葆鲜活

## ——李佳颖作品赏析

对于中学生来说，散文化小说是较难把握的。有别于传统小说，它需要孩子不断探索、突破文体界限，在自己的小说创作中融入散文的意境。

李佳颖同学能够巧妙地将散文中的意象描写运用到小说中。她基于生活体验创作的小说，可以说充满了各种意象。这些意象拥有丰富的美学意蕴，让她的文章洋溢着独特的清新之美。

在《立秋》《宫妃》这样的篇目中，无一不充盈着中国古典美学的气息。

她的笔法散漫随性，塑造出富有生活气息和自然理趣的秀美意境。在她笔下，凌风和赫舍里也不再是一个距离生活遥远的架空故事，而是更加真实，具有生活的意味。人物的情感也能更加引起共鸣，可谓是"文理自然、姿态横生"。

在小说情节的处理上，李佳颖同学对偶然性巧合和必然性结果之间的调和，也做得恰到好处。

一般来讲，由巧合构成、推动，且没有将巧合叙事转化为主题叙事的小说是很难成功的。而她所创作的《丢失的玉》《门》等篇目，在由事转换到人的过程中，不仅故事和事件总是包含巧合，人和人心普遍性的真善美与假恶丑，也一同展现得淋漓尽致。篇幅小，容量大，能够用一个片段就传递更深一层的意蕴，正是她的笔力所在。

《三位同学》《君子》等小说的叙事腔调，依然烙上了李佳颖同学的个性气质。这种小说语感，完全是一个中学生的个性语言形态与她独特视角下生活内容的完美融合。

腔调是小说的韵律，是叙事的呼吸，是对事物的感情流露，是词与物天衣无缝的连接风格，是作者的才华表现。

李佳颖在学校日常的习作课上所展现的细腻交融、简练动人的笔触，也令同学十分钦佩。

海明威曾在《流动的盛宴》中，回忆说："如果我煞费苦心地写起来，像是有人在介绍或者推荐什么东西，我发现就能把那种华而不实的装饰删去扔掉，用我已写下的第一句简单而真实的陈述句开始。"

细节掌控得好可以让其成为美的神龛，但"卡佛式小说"也让读者觉得如增生的组织般，切割不得就只得忍耐。

总的来说，李佳颖同学笔下故事中的生与死、爱与恨，都是她对生命的洞察。相信随着她年岁增长，生活磨砺，心智渐熟，技艺坚凝，更能抒写复杂，文字中将会展现出更为广博的河山远阔、天地高渺。

作为她的语文老师，看到她如此多优秀的作品，欣慰之余，亦有几分敬佩。

她的纯粹乐观与直来直往，一如她的文字，让所有人都不自觉地靠近她，并同她一样，永远保持年少鲜活。

[深圳市南山外国语学校（集团）语文教师　王菁菁]

# 立　秋

"哥哥，今天是立秋，你要去哪儿啊？"

"哥哥有事，要很久很久才能回来。恩熙在家要乖乖的哦——"

"嗯，哥哥要早些回来。我……会想你的！"

"恩熙，有些事必须要有人去做，哪怕明知无济于事。绳锯木断，水滴石穿。哥哥坚信，终有一天会成功的。"恩熙似懂非懂地点了点头，哥哥摸了摸恩熙的头。

"如果哥哥能回来的话，大约是在几年后的立秋吧。"

"好的，哥哥，我等你。"她拿出手链送给哥哥，上面有自己的名字，哥哥想妹妹时便可以看看。

立秋，落叶飘散，细雨飘飞。

一束洁白的菊花放在碑前。秋风萧瑟，凉得刺骨，满地皆是过早散落的枯叶。

哥哥走了。她等。他们全家在等，但等来了哥哥牺牲的消息。

"哥，五年了，你一直没有回来……绳锯木断，水滴石穿，你去做了那绳和水啊！"

"你确定吗？这一刀下去，可就没有回旋的余地了。"

"我这唯一放不下的，就是我父母。你是我发小，我就信得过你了，我父母就……"她双眼看着对方说。

"放心，我一定会照顾好伯父伯母的。你一个女孩子去从军，真的让我放心不下。"

"咔嚓"！乌黑的长发落了地。

秋风起，风去；残叶卷，叶落。

一年后。"嗒嗒嗒""轰隆"——她身边躺着的，都是她的战友。她在死人堆里清醒过来。

"父亲，这里的人都死了。"这声蹩脚的日语，令恩熙有些熟悉。

"撤吧！村一，你这次立了功，不枉我六年前救了你这个中国人！"

"我织田村一永不忘父亲救命之恩。"

六年？织田村一！从哥哥离开到现在，正好也是六年。今天，正是立秋。

恩熙记得，哥哥的尸体上，脸部被严重烧伤，血肉模糊，根本让人分不清是谁。烧得那样严重，是不是有人要故意隐藏些什么？或者说，那墓穴里的人，根本不是他哥！

…………

织田村一走在狭长的街道上，脚下发出干涸的秋叶被皮鞋踩碎的声音。

他突然拿出手枪，准备扣动扳机，喝道："谁？出来！"恩熙从立柱后走出，手上的枪藏在背后。

"哥，你的反应真快啊！"

"你，是恩——熙？"此时，恩熙已把枪顶着他脑袋。

"我们兄妹多年未见，别这样开玩笑……你先把枪放下？"

"你休想！"

"恩熙，你听我解释。前年我们仗打输了，日本父亲看我身手好，救了我一命，还视我如亲子……"

"呸！你真给我们家丢脸！给中国人丢脸！你知道你杀的是什么人吗？是中国人啊！是你的同胞啊！"

"妹妹……"

"够了！你我只是敌人！是我无能，今天是我软弱，杀不了你。但若日后相见，我定不留情！"恩熙说完，转身离开。

"嘭——"一声枪响。子弹击中恩熙腹部，她倒下了。

"不能让知道我是中国人的人活着。你，也不行！"村一喃喃自语。他为了保全自己，亲手杀了自己的妹妹。

远处传来急促的脚步声，他转身跑开。恩熙却突然坐起。"嘭——"一声枪响，子弹击中织田村一，他倒在血泊中呻吟。他断断续续讲，自己被"救"，是日本人强行给自己灌下毒药，必须每日吃一粒解药才能保命。解药，就在日本父亲手中。他要村一任何时候不能泄露自己的身份，说有特别用处，要立大功。若有任何背叛行为，则会……

当然，作为义子，他也是会享有无限尊荣。也是因此，织田村一完全屈服了。

恩熙再次倒下了。

风吹过。吹散了落叶，吹冷了人心。

她在立秋没等到哥哥，只等到了织田村一。

恩熙在医院醒过来。"我怎么没死？""还是说这一切都是梦？""不，不对！""我不是被织田村一杀了吗？为何……我还活着？"身上的一阵阵疼痛告诉她：这一切都是真的。

"林恩熙醒了！"护士喊道。

"恩熙！有没有哪里不舒服？"一名男子说道。

"你，张君山。我，我怎么还活着？"

"你发电报说今天要去刺杀织田村一，我立刻带人赶来，结果发现你和织田村一都倒在血泊里。还好，子弹没有击中你的要害。"

"那织田村一呢？"

"他呀，子弹击穿了他的心脏。我们的神枪手恩熙可不是浪得虚名啊！"

"啊……"

"怎么了？是不是哪里不舒服？"

"没事，想休息一下。"

秋风拂雨落叶飞，舞得如醉女一般。

第二年立秋之后一周，林恩熙翻阅着手中的报纸，报纸上的头版写着：1945年8月15日，日本天皇正式宣布投降。

清湖点评 ▶▶▶

　　故事情节：一对兄妹，在家国残破之际，哥哥毅然奔赴战场，投身抗战，一去不归。妹妹长大，为报兄仇，也走上了抗日之路。但哥哥已经叛变，成为日本人的走狗。妹妹大义灭亲，并最终迎来了抗战的胜利。

　　战争，是人类最大的悲剧。

　　如果在和平时期，这对兄妹一定会过上幸福安定的生活，彼此扶持，彼此慰藉，虽不一定大富大贵，但终此一生，平静祥和，儿女绕膝，大抵是没有问题的。战争，不仅打破了生活的安宁，更扭曲了人性。在死亡面前，人的自私会让人变得更加狰狞。

　　由此，我们就可以明白，作者设计的故事情节，塑造的人物形象，超出了一般意义上的"抗日神剧"，而是有着深刻的战争思考和人性立体呈现。

　　在 2021 年的 8 月 8 日，立秋这一天，作者创作了一篇成功的作品——《立秋》！

《微尘》系列　李佳颖

# 第 2 篇

# 门

"我应当感谢你，把我从深渊里拉了回来，你这样的人，值得我敬佩！"这是李伟进入监狱前，对他说的最后一句话。他看着李伟进入监狱，大门紧紧地关上。

"张明，上面来的领导正在和李大队长谈话，李大队长的茶杯还在他办公室，你能去送一下吗？"一位警员说道。

"好。"张明拿上茶杯，走向二楼会议室。走到门前，抬手正欲敲门，张明心生好奇，便站在门前听了一下。

"此次行动多亏你们经侦大队，不然难以成功。"一个陌生的声音突然响起，想必这就是上面的领导了。

"哪里哪里，若非您抬举，我怎能得到如今的地位？"这是大队长的声音。张明虽然看不见，但也能想象大队长必是满脸恭迎的笑容。

"嗯，那批要处理掉的劣质口罩，转手卖得如何了？事成后，你李大队长也可以多一笔养老钱啊！"领导说道。

听到这里，张明已是目瞪口呆："这是在发国难财啊！"接下来，他们的对话张明已吓得听不清了，他双手一软，手上的茶杯掉了下来。

张明一惊，赶紧跑开躲回办公室。

听到声响，他们立即出来查看。看到地上的碎片，两人脸色一沉。

张明吓得不轻，他没想到自己的上司和上面的领导居然会做出这种事情。但很快，他冷静下来，他决定要找出证据。他不能看着别人发国难财，看着坏人加害人民。

张明正在思考该如何找出证据，突然办公室的门被推开了。走进来的正是李伟大队长。张明心头一紧，想必他已经发现自己偷听了。

"你最近表现很不错，有一个科级位置正找人呢，只有你合适。"大队长见没有其他人，拍了拍张明的肩，说道。

"大——大队长，您在说什么，我听不懂。"

"听不懂？！那批劣质口罩，我们已经卖了。队里队外花销大，没办法！你前途无量，以后我的位置也是你的。三天之内下达通知，把握机会！"说完，大队长推开门，走了出去。

"你会后悔的！"张明暗暗说道。他松了口气，握紧了手上的录音笔。

其实他进来前，他就拿出了录音笔。只不过没想到，竟这么快就派上用场。

很快，上面的领导和大队长暗中处理、转售劣质口罩的事被发现了。他俩也因此被送进了监狱。

"你太让国家失望，太让人民失望了。你可知，因为你们会有多少百姓被骗，甚至会有多少百姓受害？"张明质问大队长。

"你说得对。"

"什么？"

"确实是我错了，我不该贪图钱财，置人民的安危于不顾。

可惜啊，我没能早些醒悟。我应当感谢你，把我从深渊里拉了回来，你这样的人，值得我敬佩！"

监狱的大门关上了。张明望着大门，心生感慨：这扇门，代表的是国家的法律与威严。

## 清湖点评

有人说，记者是"社会的良心"，作家是"人类的良心"。当代作家的使命呢？一切假的、一切恶的、一切丑的，都是作家所要揭露和与之战斗的。因为作家的使命，是要创造一个真、善、美的精神世界。而在我们社会主义国家，作家的使命是要维护广大劳动人民的根本利益。

真、善、美，是人类最高的行为准则，是包括作家在内的人们所追求的灵魂归属之地。

大文学理论家刘勰在其巨著《文心雕龙》里，有过关于创作的精彩论述："故知：道沿圣以垂文，圣因文而明道；旁通而无滞，日用而不匮。"所以，在古人看来，社会现象、规律要通过作家的作品反映。在新时代，我们所有的作家，要有丰富的思想感情，融入国家、民族、社会的发展之道，就会飞扬文采，从而创造出优秀的、影响深远的文学作品。

本文，通常地讲，是一篇地道的"反腐小说"。而作者也正是从这篇微小说开始，把自己进化成为一名小战士。

# 雨中罪

那天雨很大，豆大般绝情的雨点狠绝地打在诗人的身上，他倒在地上。

"这人目击了我们的作案，那就让他替我们挡罪吧。"

诗人被他们击晕，那两人伪造好了现场。作为嫌疑人，诗人被抓捕。

他惊恐，不甘心却又无可奈何。

他明明只是一位沉醉于旅行写诗的普通诗人。

"三年有期徒刑"，这六个字狠狠地砸在他的脑海里。他戴着手铐的双手不停颤抖，如一头受了重伤的狮子在低声哀号，却又无从发泄内心的悲愤与不甘。

"我可以给你伪造一个其他身份，让你免除牢狱之灾。但从今日起，你必须听从我们的一切安排，哪怕我让你去杀人，你都得做。"

金钱、地位，他什么都得到了。自己以前那可笑的诗和梦想，他都舍弃了。

毕竟那些无法为他带来任何现实利益的东西，又有什么用呢？他至少是这么想的。纸醉金迷的奢侈生活让他麻木。

不知过了三年还是五年，他又回到那个熟悉的地方，只不过这次，落了个死刑罢了。

天气格外阴沉，即将迎来一场瓢泼大雨。聚拢的黑云，死气沉沉地压在每个人心上。几片残败的树叶随着乌鸦的哀号坠落。一个全身戴着镣铐的罪犯被押赴刑场。他缓缓地抬头，密布的黑云竟没能透出一丝阳光。

他用力抬起一只被束缚而沉重的手，挡住自己的眼睛，用低沉、沙哑的嗓音，背诵了一段自己曾无比熟悉的诗，直到大雨泼洒在他脸上的时候，他才停止。

那天雨确实很大 ——他倒在刑场上。

与此同时，一位胜诉的诗人在被记者采访时，说出了自己的经历。

他是一位沉醉于旅行写作的诗人，一天在大雨中同样被人陷害，获刑三年。其间，有人以继续去做犯法的事情为条件保释他出狱，他拒绝了。

三年后出狱，他寻找证据，找出了当年陷害他的人，为自己申冤平反。

但是，他不是他。

**清湖点评** ▶▶▶

　　"但是，他不是他。"这句话是本文的定论。简明扼要，一语中的。

　　一个他，是遭受了现实的不公，但不敢抗争，消极、妥协，甚至出卖了灵魂的诗人。另一个他，同样是诗人，遭遇到了现实的不公，但他没有妥协，而是拒绝了诱惑，最终捍卫了自己的尊严。路是自己选的，命运是自己决定的，这是本文给到我们读者的深刻启示。

这是一篇寓言式的小小说。寓言，是一种用假托的故事，来说明某个道理的文体。一般的寓言，文学性不强。而这篇《雨中罪》，则具备了寓言与小说的双重属性，加上篇幅精短，情节曲折，可以将它归类于"寓言式的小小说"。

作者的笔力，越来越强健了。如全文第一句："那天雨很大，豆大般绝情的雨点狠绝地打在诗人的身上，他倒在地上。""豆大般绝情的雨点"，八个字就写出了环境的客观事实与主观情感；"狠绝地"——"狠"表示凶残，"绝"表示程度。从"那天雨很大"到"他倒在地上"，开门见山、单刀直入，画面感较强。

作者也是惜墨如金，仔细琢磨每一个字，如果删掉句中任意一字，全句甚至全篇就不再连贯。

那么，这种写作功力是怎么形成的呢？需要长期地、严谨地"炼"字造句。炼到了一定境界，就会有了得心应手的文字记忆，姑且说是"字感"吧。

# 丢失的玉

## 一

月亮躲在了云层身后，大地漆黑一片。

安娜太太在这个漆黑的夜晚去了公园观赏鱼。公园里的鱼养得极好，连安娜太太丢的面包屑都不肯吃。

安娜太太觉得有点扫兴，便回了家。一路上权衡着独居以来的得失，谁知，她发现家里的门被撬开了。

她赶紧清点家里的贵重物品是否丢失，结果发现祖传的玉不见了。安娜太太立刻报了警。

## 二

一只流浪狗在安娜太太的家门口踱步，突然发现一个黑衣人拿着安娜太太的玉从安娜太太家门口出来。

狗不能进行语言沟通，它只能扑上去咬住盗贼。盗贼与狗一路搏斗，盗贼胆怯，且逐渐体力不支，便掏出了匕首，捅死了狗。

狗倒在血泊中，双目还是睁着的，似是死不瞑目。

盗贼踩着狗的血渍，走进一家店。店的招牌上竟然是"抄袭与模仿"的英文缩写。这家店很久没人光顾了，居然一直没有倒闭。盗贼去店里的那段路，地上有一条血迹。

三

警车停在了安娜太太的家门口，开始调查现场。

"这已经是 S 市的第四件盗窃案了。"警长道。

"盗贼还是留下了一点印迹，离去的方向大致是东边。"一名警员报告。

"那好，我带几个人去东边看看有没有什么线索。"警长说。

往东走时，警长发现了血泊中的狗，以及一条血迹和一些搏斗的痕迹。

"去那家店看看，血迹是通向那里的。"警长指着"抄袭与模仿"说道。

店主很快承认了所有罪行。而这店主，正是安娜太太的一位好友。

真相，让安娜太太无法接受。

四

虽然安娜太太的玉找了回来，但她心里有种说不出的滋味。这几天疫情很严重，亲人们都在相互祝福让疫情远离，但安娜太太一个亲人的安慰电话也没接到，只有那只流浪狗时常来串个门。

安娜太太回望着狗与盗贼搏斗的那条路，悲伤地坐在地上发呆。果真是"路人不语"，未有人停下来问一下。她感慨狗的重情重义，自己仅仅是看它可怜，有几次喂了点肉，狗却愿意为自己付出生命。而自己待如亲姐妹的好友，却来偷走自己的东西。

这是为何？安娜始终在想这个答案。

## 清湖点评

**本文写作要求：**以"观赏鱼、得失、流浪、语言沟通、抄袭与模仿、祝福、回望、路人不语"8个关键词，按序有机结合，写成一篇文章。

作者用这8个关键词，成功创作了一篇结构完整的悬疑小说。

安娜太太的玉，被自己的好友偷走；而那只流浪狗，却知恩图报，为捍卫安娜太太的财产献出了生命。

全文并无太多的细节描写，采用了叙述的手法，粗线条地交代了故事情节，却收到了出人意料的审美效果。

安娜太太是个什么样的女人？胖、瘦、高、矮？狗呢？是吉娃娃还是斗牛犬？到底是块什么材质、形状与颜色的玉呢？以上一切未交代清楚。而安娜太太的好友，偷玉的人，甚至连名字都没有。正是这样大片的"留白"，更增加了神秘感，使读者有了更多的想象空间。写故事时，若把各种元素交代过多，就少了想象空间。有时，为了增加想象空间，反而不必将所有细节都交代清楚。

作者准确把握文学素材"少"与"多"的辩证关系，完成了一篇非常有趣的小说。

# 三位同学

## （一）努力与收获

紫薇花潇潇洒洒地飘落，给地上铺上了一件紫色的外衣。

禹宸刚从高考考场中出来，看到此景，增添了几分胜利的喜悦。

禹宸的脸上映着金色阳光，仿佛已经暗示了他即将金榜题名。对于有些人来说，高考就是人生一场可怕的风浪，但禹宸不以为然。

禹宸彻底摆脱了初中三年"学渣"的窘境。自高中以来，他一直在暗暗努力为高考打基础。特别是高二以来，他的成绩突飞猛进。别人高三时焦躁不安，他却早已信心满满。

他曾说过："在大国博弈时，国家需要人民付出更大的努力，才能形成中国智慧、中国力量。我这点努力算不上什么的！"

大努力，肯定是会有大收获的。禹宸的数学考了全省第一，稳稳地进入了清华大学。我呢，总分比他少了1分，考进了北大。

一片紫薇花瓣落在禹宸的肩头。金黄色的阳光洒在大地上，金色与紫色交相辉映，显得格外美丽。

《微尘》系列 李佳颖

## （二）后悔

"唉，还有两周休渔期才过去，这日子该怎么过啊！"李无渡叹气道。

"咚咚咚！"我敲响了无渡的门。

"青玄，是你啊！快进！"他忙招呼我。

"老同学啊，好久不见了。今天不是你生日吗？我送你只鹦鹉，会说话的，可有意思了！"我说道。

"今天是我生日？我光为没有生意的事情烦透了，都忘记了。唉，当初我该好好学习，不然，多掌握一门知识，现在也不至于只能捕鱼这么被动！你看你和禹宸，因为当初在校努力学习，现在前途多好啊！"

几朵艳丽的花朵飘进了他的屋里，使原本昏暗的屋子多了几分生机。

他想："我现在还不如一朵春花呢！但花谢花开，花朵还能再次开放，我也能！"

## （三）明年花更红

圣诞节的钟声响了，人们欢庆着节日。我们却在着手筹备夏天的登山活动。

我们作为一批新的登山者，正攀爬在珠峰大本营的雪岩上，充满危险却又感到神圣、光荣。我踩在厚厚的积雪上，十分艰难地往上爬，没有喊一句累，我的同伴亦是如此。

一时风雪又来袭，数不清的雪花模糊了我的视线。这时，我却惊奇地发现不远处，竟好像有一朵红色的花朵顽强地绽放着。这是多么顽强的生命啊！

"不必惊奇。这朵比去年的更红。正如你们一样，比我们那届更能吃苦！"一位师兄笑着说道。

"这苦值得的！能登上这座山，是我们的荣幸！"我答道。

"你这话说得好！"师兄道。

过了一会儿，我才发现，这朵花原来是少先队火炬！听见师兄呢喃了许久："明年花更红……"

### （四）十年后

过了十年，春节一场同学聚会，大家又聚在一起。

"禹宸啊！你现在很忙吧？真羡慕你，快是一个科学家了！"我说道。

"你也很好啊，不仅登过珠峰，在文学上还获得了许多奖项。"禹宸对我说道。

"我现在能管孩子。还好，孩子成绩很不错！"李无渡接话道。

"毕竟是，明年花更红！"我说道。

窗外，玉树琼枝，雪落满地。厚厚的积雪落在房屋上，犹如雪白披肩披在身上一般，也仿佛是一朵朵琼花在风雪中绽放。

## 清湖点评 ▶▶▶

　　**本文写作要求：**以"紫薇花、高考、风浪、大国博弈、休渔期、鹦鹉、春花、圣诞节、登山者、明年花更红"10个词，按序有机结合，完成一篇文章。

　　作者的文采、构思和选材，这些都非常重要。因为上述要素，是构成一篇文章的有机部分。但文采、构思与选材，归根结底都是为了"立意"服务的。全文传递的是一种"天行健，君子以自强不息"的"天道酬勤"精神。这个立意，已经达到了极致。

　　一位初一学生，把8个互不相关的关键词，在一节课时间，现场组合成一篇文章，这是一次对思维的挑战与展示。同时，作者对人物刻画得逼真形象，立体感较强。一个初涉写作的新人，这是极为难得的写作天赋表现。

# 君　子

## 一、初识

所谓"君子以见善则迁，有过则改"，指君子看见美好的行为，就心向往之，努力去学习，努力去践行。如果自己有了过错，就要迅速加以改正。我想还应加上"君子以见恶则责"，指别人有了过错，要给他认真指出来，严厉批评，督促其改正。

陈今阳是一名北大中文系毕业的硕士生，几乎参透了《周易》等国学名著。她为人好，学历高，可谓是品学兼优的人。

她来到深圳，想做一名初中语文教师。她走在热闹繁华的街道上，望着天边那一望无际的云朵，看着匆忙的行人和数不清的汽车……

她发现前面有一堆人围在一起。"啪！"一个响亮的巴掌打在孩子脸上。一位青年冲出人群，伸手阻止了第二掌，说："住手！小孩也是有尊严的，你在这种场合骂他，他很难受的！"

"我花了那么多钱让你上辅导班，你才考一个 89 分！""我怎么会有你这么笨的儿子？ 90 分都上不了，真是个废物！"打人者满身上沾了酒气，散发着烟味，又高高举起了右手。

她也忍不住了，挤出人群大声喝道："这位先生，住手！考了一次 90 分以下，你就打孩子？你有多少时间陪过孩子？你等着，我打'110'报警！"

"他这个成绩还是我用钱砸出来的！"这位父亲十分生气，但终究无话可说，牵着孩子的手，强行把他拉回家了。

"唉，这一代孩子学得太苦了……刚才多谢您也出来帮忙。我叫简阳，请问您贵姓？"

"我姓陈。您刚才的行为很棒！'君子以见善则迁。'我是向您学习啊！"

二人相谈甚欢，都被对方吸引了。

## 二、梦

"请问两位姓名？"

"我叫简阳。"

"我姓陈，名今阳。"

拍完照后，他们拿到一个红色本子。本子里面，有他们俩的合照。

"简阳，我俩有一个共同之处，就是如《周易》所说的'君子以见善则迁'。"陈今阳说道。

"你知道下半句是什么吗？"今阳问道。

"有过则改。"

"没想到你一个理科生居然都知道！"

"开玩笑，我在清华时兼修国学！"

"我们要记住这句话，'有过则改'！"今阳坚定地说，"我们一生都要做君子！"

…………

他醒了。他又梦到了这个场景。他将掌心合拢，可他比谁都更清楚，手握得再紧，也拢不住缥缈云烟般的梦。三年前，今阳因为车祸死了。自那以后，他总会梦到她。

他很想她。

她一定明白的。

这偌大的房子里仅有他一个人。房子是两人一起买的，如今却仅有他一人住。

## 三、觉悟

他明白自己犯了"错"。他记得从前自己犯错，会立刻改正，只因那句"有过则改"，现在也要一样。他不该长久沉浸在悲伤、孤独和寂寞之中。长期负面情绪会害死人的。

他坚信她亦不愿看到他这样。

他懂，她更懂。

那一瞬间，他彻悟了。

今阳离开了人世，但她仿佛从未离开他。他的脑海里一直有她，他的梦境里一直有她。她的容貌，她的一言一行，他永远不会忘记。

"我真是犯了个大错。我不该沉浸在这种情绪中这么久的。

"我差点颓废了。

"我要重新振作起来。

"我一定不会让你失望，我定会活出最精彩的自己！"简阳心想。

陈今阳与简阳的相识是"见善则迁"；简阳的重新振作，便是"有过则改"。

## 四、重生

他回到公司，重新跟自己的员工一起工作。

"老板，您回来了！"凌风说道。

"很久没来公司，有劳诸位！"简阳深深地向聚拢来的员工鞠了个躬。

"我会同从前一样，大家一起努力吧！"他补充道。

"老板，您不在公司的时候，我们已经把大部分智能程序研发出来了。有些关键地方需要您来。"凌风说道。

"思维和灵感都来自《周易》。把它作为我们下一个软件的内部名字吧，这个就叫……"

"'用多好，多吉利'？"

"'名可名，非常名'，那终究仅是符号。我自有我的想法、用意。"

## 五、成功

简阳的公司在研发出了这款震惊全球的软件后，又陆续研发了一些软件，这些软件对人类社会的发展做出了重大贡献。简阳也成了举世闻名的人物。

但使简阳念念不忘的，唯有那个叫陈今阳的女子。

本文写作要求："见贤思齐焉，见不贤而内自省也"，意为看见有德行和才干的人就向他学习，看见没有德行的人，自己的内心就要反省是否有和他一样的错误。这是君子应拥有的品行，也是本文所要传达的道理。

这个动人的故事，不仅诠释了浪漫真诚的爱情，而且借今阳和简阳的事例，说明了"见善则迁，有过则改"的君子之道。我们要向具有高尚品德的君子看齐，学习他们良好的品行，同时在自己深陷困境、步入歧途时，做到重新审视自己，迷途知返，改正自己的过错。

作者平常进行了较多的思维训练。一个人的思维打不开，就无法与世界对话。

故事构思很巧妙，思维源于中华优秀传统文化。青少年更多阅读、理解和思考国学，能产生无穷无尽的智慧和力量。

《微尘》系列 李佳颖

# 宫 妃

（古代宫廷故事）

## 序

钮祜禄家嫡长子钮祜禄·凌风前往赫舍里家暗中提亲。

凌风从广州府长途跋涉回到京城。没有坐马车走清朝官道回来，而是骑快马翻越百座大山，渡过数不清的河流。这只为能够早日迎娶青梅竹马且相互爱慕的赫舍里·清如。

凭着凌风的真诚和谦虚有才的名声，清如父应允，若清如宫中选秀落选，便即刻定好大婚的日子。

## 赏 梅

冬日，玉树琼枝，银霜满地。

雪下得极大，极美。"如儿，雪那么大，你多披一件披肩吧！"

"不用了母亲，女儿不冷。"她说完，便和丫鬟明玉一起出了门。

"这孩子，都十四了，还长不大。"她母亲说道。

"唉！如儿若能一直这样便好了。还有半年便是选秀，我倒希望她选不上，她这性子……"她父亲说道。

雪中的梅花，极美。她在赏梅花时，背出了陆游的词句："无意苦争春，一任群芳妒。"

"零落成泥碾作尘，只有香如故。"一位英俊少年接道。

"好！我还以为女子只识女德呢。"他说道。

"公子此话差矣，男子能读诗书，女子未尝不可。"她略有不服，说道。

"公子若无事，请去别处吧！"

"姑娘莫走！"

"公子你……好！本小姐走就是！"她嘟起嘴，转身走了。

"此女子有意思。"男子喃喃道。

## 选　秀

在迎来新年的同时，紫禁城迎来了选秀之日。这是顺治帝头次选秀，太后十分重视。

"皇帝，你别忘了哀家的叮嘱。要选家世好的，要选贤良端庄的！"

"孩儿明白，到时候您定就好了。"

"嗯。"太后满意地点点头。


"清如……"

"凌风，你怎么了？"

"明日即是选秀……"

"你放心吧，皇上看不上我的。"

"你很美，清雅脱俗的美——那，万一呢？"凌风心里惴惴不安地想。

她的脸颊微微泛红。

《微尘》系列　李佳颖

# 落 泪

"赫舍里·清如 ——"太监念道。清如已顺利通过初选，踩着花盆底鞋，低垂着头，走进宫殿。

"臣女赫舍里氏参见皇上、参见太后娘娘。皇上太后万福金安。"

这声音？！"抬起头来。"顺治说道。清如缓缓抬起头，大惊失色。

果真是她！顺治笑了。顺治对太监微微点头。

"留牌子！"太监说道。

"完了。"清如心惊。

她被选上了。旁人十分羡慕她。

她却清楚，自己将在深宫待一辈子，失去自由，永远失去自由。

"凌风，我与你，这辈子都无缘了！"清如慢慢地走着，走出宫殿，走出紫禁城。

"看，她刚刚被皇上选中了，好羡慕啊！"

"她？凭什么啊？还不如本小姐好看呢！"

"嘘，小声点，别得罪人家了！"

她无视这些人，径直走到前方的荷花池。

"出淤泥而不染，濯清涟而不妖。"清如记得凌风最喜欢荷花。冰冷的泪水划过脸颊，如刺针，如刀割。

她哭，或是哭自己与凌风无缘，或是哭自己与自由无缘。

她不想入宫，但她无法抗拒。

后宫佳丽三千人，这其中不知有多少美人在深宫中孤独终老？

## 来 访

"小姐，钮祜禄公子找您。您……见吗？"明玉问道。清如不敢见他。她不知道该如何面对凌风。

"可是，他说，想在您入宫前再见您一面。"

"他……我们不能违抗皇命。即使见他，对他又有什么好？"

"是。"

## 入 宫

清如要入宫了。细雨绵绵之时，府里荷花池，她最后看了一眼。

雨荷，甚美！微雨，荷花……清如作别后坐上了马车，前往紫禁城。

偌大的紫禁城内，不知暗藏多少危险？她不求富贵，不求恩宠，只求自己和赫舍里氏大家庭平安，甚至甘愿孤独终老。

她，只愿远离是非，远离宫廷算计。

可是世事往往不遂人愿。

## 恩 宠

或是那次雪中赏梅，或是因为她气质非凡，没有平常女子的俗媚，总之，顺治十分宠爱她。

"朕可以给你别人没有的自由。"顺治对清如说。但终究仅是说说而已。

皇宫内，哪有什么真正的自由？

宫中女人算计多，因为每人都想为自己和家族争取最好的生活。

顺治对清如的特殊恩宠，其他妃嫔又怎会看不出？

"娘娘，如再不收拾她，她以后会骑到我们头上了，那就麻烦了！"

"本宫为了皇上，为了江山社稷，勿要多言，你按照我说的去办……"

## 冷　宫

"皇上，臣妾没有错。"

清如很有底气。而且，清如认为顺治会相信自己。

"皇上，臣妾也不愿相信是赫舍里氏所做，但证据确凿啊！谋害皇嗣是大罪，请皇上早做决断！"

"是啊，皇上，贵妃娘娘说得对！"

顺治没有相信清如。"来人！将赫舍里氏打入冷宫。"顺治铁青着脸说道。

"福临！你说过永远相信我的！"清如急了。她没有叫他皇上，也没有自称臣妾。

"爱新觉罗·福临！你真的不相信我吗？"

"朕念旧情，没将你赐死，你不感激，反倒直呼朕的名字，谁给你的胆？"

她明白了，顺治不会相信她了。她想不明白自己十分信赖的顺治皇帝这么快就变了。

她不甘心！

## 受 欺

冷宫，阴气沉沉，戾气森森。

热菜、热饭，变得千金难求。

馊菜、馊饭，变成每日家常。

"喂，你们干什么啊！你就给我家主子吃这个菜？都馊了！主子好歹是个答应！"明玉生气地说道。

"明玉，你别说了，没用的。"清如说道。

"我现在是虎落平阳被犬欺。"清如补充道。

你站在山顶时，旁人会对你阿谀奉承；你跌到山谷时，谁都会踩你一脚。所以，跌落时不能放弃，要自信，要自强。"天行健，君子以自强不息。"清如饱读诗书，自然明白这个道理。

她不可能一辈子待在这里，这里不是她的归属。

## 对 话

"是……可是小姐，钮祜禄公子说他愿意违抗皇命带您出逃……"

"不行！我不能因为我自己，让整个家族背上欺君的罪名。欺君是要诛九族的！你告诉凌风，我甘愿如此！

"这么说吧，宫内的人想逃出去获得自由，宫外的人想挤进来拥有荣华富贵。我们倒不如珍惜现在，在宫内过好。反正我是不甘心的，我会找到证据离开冷宫的。"

"奴婢不懂。宫外有什么不好，多自由！"

"明玉，难道你从前也是这么想的？而且，这世上没有绝对的自由啊！"

《微尘》系列

李佳颖

# 关 机

"电量不足 5%。"

"电量不足 3%。"

"电量已经耗尽，手机将在 30 秒后关机。"

黑屏。

林文将手机丢开，说道："玩得太嗨了，忘管电量了！唉——剧情都没保存，下次还要重新玩。""哎？不过，最开始的'谦谦君子，用涉大川，吉'是什么意思啊？上网查查！"

林文用磨砂的老虎彩绘指甲开始搜索。

百度给的结果：已为您自动报名国学试听课堂，老师将为您解惑。

在写作训练的课堂上，老师说："谦谦君子，用涉大川，吉。而君子，都是遵循了'天行健，君子以自强不息'的古训。"林文端坐在下面，认真地听讲。

## 清湖点评 ▶▶▶

故事从 14 岁女孩清如被顺治帝选上嫔妃的情节加以展开。

清如本已有意中人凌风，两人情投意合。清如没想到曾与顺治帝偶遇过，顺治帝对清如颇有好感，印象深刻。这可谓命运使然，造化弄人。

有情人却成断藕，清如与凌风被迫分开。清如入宫，成为皇帝的新欢。清如受到的特殊"宠幸"让他人嫉妒，终被以伤害皇嗣的罪名打入冷宫。

这个宫廷故事，本来已够精彩。却不料，这仅是作者为我们挖的一个坑。这个反转，让我们在"上当受骗"的同时，不由得高呼过瘾！

全文谋篇布局异常巧妙，一环扣一环，情节层层推进。古代与当代的历史反差，时空的转换，给人一种震撼感。

第8篇

# 微　尘

　　周围是一片黑暗。

　　我想不起自己上一秒做了什么，大脑一片空白。

　　忽然，灯亮了。但周围有着似乎散不尽的薄雾。我隐约瞧见周围有几个人。

　　慢慢地，雾变薄了。我这才看清……我周围竟有上百人。

　　"听好，你们这些微不足道的微尘。你们很幸运被我选来做这一期的试验品。"

　　"你们有两个选择：一、永远被困死、饿死在此；二、至少杀一个微尘，这样就会被放回原来的地方。三小时后，我来查看。

　　"记住了，所有杀了微尘并且活着的，我就放你出去，给你自由。你们个个都很紧张，给你们十分钟准备。这十分钟，谁也不能动手——对了，地上有很多凶器，供你们使用。加油吧，微不足道的微尘们。"一个女性的怪异声音响起，说出了这些话。

　　这十分钟，对于任何微尘都很难熬。我隐约记得这样一句话："诸微尘，如来说非微尘，是名微尘。"我对于这个试验，真的只是微尘，还是被称之为"微尘"？

三小时后，我成了没有被杀的幸存者。

这三小时，我仿佛亲眼看见他们在杀者与被杀者之间交替。她确实抓住了微尘跟人性一样的弱点……

只见她踩着镶着钻石的高跟鞋，缓缓走来。

"祝贺你，活了下来。"她露出一副得意的神情，欣赏着眼前尸体遍地的惨状。但紧接着发生的事，却让她惊慌失措。地上躺着的微尘站了起来，举着刀斧，向她奔去。

"他们都没有死！"很快，我拿着刀挟持了她。

"最终，你却被试验的微尘打败了。"我说道。

最后一层薄雾散尽，我们到了另一个地方。

"你们果然没有让我失望。你们刚刚所见，是我创造的幻境。"说完这句，她缓缓走向我说。

"你做得很好。你利用我故意留的十分钟，说服了大家，不自相残杀，让大家装死。"

"我很喜欢你的那句话：'我们对于世界来说是非常渺小的，但能够集合在一起，则无坚不摧。'你很棒。"

"你是我梦中的人吧？"

"哈哈——你说对了！"

梦醒了。

我与世界……微尘……

我反复地想着。

## 清湖点评 ▶▶▶

　　"微尘"是什么？真的只是一粒尘埃吗？不，可能是风，是雨，是雷……在作者笔下，微尘有自己的思想、自己的意志，也有自己的抉择、自己的战斗。最终，因为他们团结、勇敢、聪慧、斗争，微尘们把握住了自己的命运。

　　这个微尘的故事，仅是一个梦境。但是，真的仅是一个梦境吗？

　　此为微尘，彼亦为微尘。彼此眼中，各为微尘。"微尘，非微尘，名微尘。"这故事是一个象征，是一则寓言，是一个值得所有人反复思考的哲学命题。

# 第 9 篇

# 无

## 一

整个屋子静得很，范厉明能清晰地听见对方的呼吸声。他不敢犹豫，接过对方手中的白色"药丸"舔了几下。

"当真是好货。"他装模作样道，看起来似乎意犹未尽。

"这货我想多进点，有多少现货啊？"范厉明望向一个背对自己的人。

"现货不多，看你要多少？"老板的助手答道。

"不瞒您说，我听说您的货好，提前借了高利贷，想着多赚些钱。您有多少，我就要多少！"

"说定了。后天晚上你一个人来这个地址取货！"助手笑起来，给范厉明一张纸条。

## 二

缉毒警们严阵以待，等候一声令下。

一位中年男子戴着耳机，举着望远镜，时刻观察着范厉明这边的状况，与范厉明一起找准时机，要把与自己斗了五年的大毒枭绳之以法。他眉头紧锁，努力压制自己的愤怒情绪。

范厉明发出暗号，耳机传来一重一轻的咳嗽。中年男子立刻命令埋伏的警员冲进去。

枪声不断，警员即使都穿了防弹衣，也仍有几人倒下。

鲜血流淌在雪亮的瓷砖上，分不清是谁的血。

范厉明英勇牺牲，献出了宝贵的生命。

范厉明，警号 0705648。

## 三

"什么？你要去做卧底……"

"嘘，小声点，别吵醒暖儿。"

"你知道孩子名中有'暖'字吗？我就是希望他日日安啊，别像你一样当缉毒警察。"女人低声哭泣，双眼饱含着泪水。

"你真以为你在家里是个可有可无的人吗？我和暖儿都需要你啊！你现在真要成了家里的'无'了！"

女人担心他的安危，但还是支持他的选择。这也是他们见的最后一面。

## 四

"我不是一个合格的丈夫，更不是合格的父亲。我在家庭确实是你说的'无'，但对人民的贡献一定要'有'。我负了你们，但不会辜负祖国的！"

这是他遗书的最后一段话。

…………

父亲的生日，暖打开网易云音乐，精心选了一首歌，歌名

叫《孤勇者》:

"……谁说站在光里的才算英雄。"

## 五

范祺暧，缉毒警，警号0705648。

"父亲，我的记忆里虽从未有过您的样子，您也说在家庭是'无'的存在。其实，并非如此。父亲，您看我的警号，0705648。"

清湖点评 ▶▶▶

小说主要叙述了一位缉毒警为了剿灭毒枭，孤身陷阵、英勇牺牲的感人故事。在缉毒警的影响下，他的儿子最终也成为一名光荣的缉毒警。

在写作方法上，作者采用倒叙、插叙的手法，将多个故事串联起来。在小说中间部分，插入过往片段，起到了对小说主题进行阐释的作用，逻辑严谨、情节完整，并增强了可读性。"谁说站在光里的才算英雄"，此句为小说的"文眼"，赞美了为国家和人民献身的大无畏精神和大爱情怀。

一节课时间，现场完成的文学作品，作者写到此时，其文学创作发生了深刻的变化，实质上由学生作文，提升为了作家创作。

第 10 篇

# 母亲的故事：我要坚持下去

## ——不甘于平庸，不止于安逸

一

"I will carry on..."一串纯正而又流利的英语传来，不少外国人被吸引过来。

一位披着中长发的大学女毕业生，正在生动地讲着某个"景点"的"兵马俑"。紧接着，她把那些海外游客引导到她们公司卖旅游用品的地方。原本进价几元的仿制品，以三四百元的价格售出。

暗自惊诧与内疚的表情，偷偷显露在她略显青涩的脸上。她凭着英语和粤语的交流能力，成了这家所谓旅游公司的销冠。

当她拿到老板发的在当时较高的工资时，复杂的表情呈现在这张单纯的脸上，有如沉重的铁锤，敲击着她的心脏。

很快，这位初露锋芒的 21 岁毕业生坚决地辞去了这份工作。

二

太阳急促地升高，火辣地照着大地。夏风吹在她的脸上，还捎带着聒噪的蝉鸣。夏风浮躁地在她脸上游来离去。

她忽略了外界的干扰，内心十分坚定。手上依旧拿着公寓的详细介绍资料，第六次准点地来到某外资公司，几乎是缠着那个日本女人，用标准的英语向她介绍。

她舔了舔干燥的嘴唇，右手大拇指轻轻摩擦着食指指腹，尽力控制自己的语速不因紧张而过快。看着她的执着与坚定，再加上她的性价比介绍十分诱人，日本女人确实有些心动。一天后，日本公司的所有高管，都把原来订的五星酒店全部退房，到这个公寓签约入住。

带着成功的喜悦，她去了附近一家咖啡馆喝咖啡，发现服务员居然是自己原先"骗子公司"的同事。

"幸好你当时离开了。"同事苦笑着，眼神中闪现着后悔和嫉妒，"我贪图较高的薪水，一直待在公司，后来公司被查封，老板也欠了我们几个月工资。"

她十分同情同事，但更为自己做出的正确选择暗自高兴。

## 三

阳光透过玻璃照进办公室，窗外混杂而频繁的噪声，也遮不住她和同事们张口就来的英语。毕业于某外国语大学的她，一直引以为傲的英语，在这里成了最基本且必备的交流工具。她从那家做高端公寓的公司离职后，到沃尔玛当了总经办翻译，后又转岗到了沃尔玛做全球采办。

她搓了搓有些僵硬的双手，终于在难得相对安静的办公室工作。没有同事的交谈声，也少有客户或其他部门的人来敲门。城市的灯光，透过玻璃，聚焦到她一个人身上。

在偌大的办公室里，努力工作的她，显得孤单又渺小。在一个大年三十的晚上，她想清楚了一件人生大事：在一个自己没有任何优势的环境里，即使付出再多，也很难有什么大的成绩。再选择！再学习！再出发！

## 四

面前的书，不知已经翻过了多少页。她浑然忘记了自己手上只咬了一口的包子，直到刺耳的闹钟提醒了她。天亮了，清新动人的风撩起她的头发，如水的日光，洒在她普通的裙子上。她把早已凉透的包子塞进胃里，拿着包出发去上课。即使在路上，她仍然拿着笔，在那本已经写满注释的书上，添上更多思考痕迹。

此时的阿妈，果断辞去了沃尔玛较高薪水的工作，想专心在巴拉瑞特学习 MBA。每个周末，巴拉瑞特的教授都会从澳大利亚飞来中国为他们授课。当然，这需一笔不菲的学费，一共 10 万元。虽然可以分期，但给她造成了很大的经济压力。

为了支付学费，她幸运地找到了一份相对安逸的新工作。因为她的工作业绩，薪水仍然不低，让她能够继续学习，直至毕业。

## 五

在一盏散着白光的台灯下，一双三十多岁女人的手，在键盘上来回跳跃。她轻轻撩了几绺凌乱的鬓发，坐在写字楼里一间面积不大的办公室，和三名员工一起工作。热爱挑战，享受奋斗的阿妈，在她结婚生子的几年后，决意选择了创业。

她骨子里不喜欢安逸，更不满意后来的英国某建筑公司的舒爽闲散。她不喜欢安逸平淡的工作氛围，即使能有较高的薪水。

因为创业，一切都从头开始。她来到自己曾经的公司——沃尔玛，在公司客户室焦急地等待着自己曾经的下属。创业以来，从甲方变成乙方的她，恍如跌落神坛。她起初依旧保持自己曾经的习惯，等待客户来找自己。但是，面临着公司资金只出不进的窘况，她意识到必须要做出改变。

她想起自己刚来深圳时，再差也不至于灰头土脸、灰心丧气。于是，她拿起沉甸甸的手机，在一次又一次拨打过去下属电话无果时，选择了上门拜访。也正是这份执着，她让自己的公司成了沃尔玛的供应商。

人要拿得起放得下，她完全认同这个道理。心里没有自己，正是她的优秀品质，成就了如今的公司。从二三人，发展到几十人的团队；从一百多平米，到现在一千多平米的办公室；从外贸线下业务，到工贸一体，再到跨境电商、品牌出口。公司的每一次成长与蜕变，都离不开阿妈这位优秀创始人。

## 六

时光匆匆把回忆放逐。流星划过夜空的深处，梦想在眼前起舞。

"2001年11月19日的狮子座流星雨，全球三千万人同时观看。一分钟内能看到几十颗流星。那是近二十年最壮观的流星雨。当时，我和闺蜜躺在深圳大剧院的广场上观看。在那个无比美好神奇的夜晚，我许下了自己一生要去努力实现的愿望：希望自己在中国设计研发的产品，货通全球。"

这是女儿现场采访时，母亲说的一段让人印象深刻的话。

她眼中充满了回忆，闪耀着璀璨的星光。她微微笑着，嘴

《微尘》系列
李佳颖

是那个夜晚，一颗颗流星飞速划破夜空，照亮整个天宇。

她躺在广场下，十指紧扣，许下了一生努力的愿望。

那年 24 岁的她，看似被埋没在成千上万的观赏流星的人群当中，实则已经在人潮中，默默散发着如星辰般浪漫惊艳的光辉。

## 清湖点评

写作兴趣团队经常开展人物采访活动。邀请家长给孩子们讲述自己的人生经历，再由孩子们用笔记录下父母的奋斗历程。

"每个老深圳，都是一本厚书。"作者的母亲王女士，以她特有的低柔而清晰的语调，讲述着她求学、求职和家庭、孩子的故事，特别是她的事业。

作者对自己母亲的故事，听得最认真，写得最动情。没有什么比自己的儿女代自己"立言"，更让人感动和欣慰了。最平静而又动人心魄的，是她回忆中的那场流星雨，以及一个年轻女孩许下的心愿。"24 岁的她，看似被埋没在成千上万的观赏流星的人群当中，实则已经在人潮中，默默散发着如星辰般浪漫惊艳的光辉。"

文章的结构别具匠心，体现了作者把握写作核心的思维深度。文章到了最后一个章节，就像流行歌曲的副歌部分，异军突起，掀起高潮，夺人心魄。这是一种不可多得的"写作尾扬"技巧。此文是作者的一次炫技，立意、构思、文笔都有较大提升。

好文章与优良家国精神的传承分不开。在对一个家庭史的整理、复盘和归纳总结过程中，亲人的情感维系将更加紧密，家人之间有了神圣的仪式感和自豪感。

"I will carry on." ——"我要坚持下去。"

第11篇

# 海风吹过少年笔尖（二）

## ——写作训练兴趣班二三事

"这是自己变优秀的机会。"

"那就别让机会飞走了。"

"这是一个好的机缘。"

他们五个人议论着，想着成功地把握这个写作训练机会。

我表情端庄，装着文静的样子，进了教室，希望给大家留下一个好印象。

我放眼望去，见到一个高个子戴眼镜的男生，给人一种平易近人的印象，完全没有高年级学长的架子；教室里还有一个短发女生，个子不算高，但身上没有普通小学生的稚气，一双眼睛十分干净。

后面陆陆续续有几个人进入了教室。还好，我不是最后一个到的。

第一天，写作训练题目：我爱我家。

我想，这还不简单，小学一年级都会写了。但是，导师念各人文章的时候，我听到什么绿萝、王八等等都出现了。

导师告诉我们，他挖了一个坑，我们在场所有人都跳了进去。我们几个队员都陷入了题目的表象，没有看透题目的题意。

这一次训练，我们弄清了"写作的灵魂，在于立意"。

通过几次活动，我也渐渐对在场的同学有一些了解。印象较深的是短发女生和眼镜男生。

说句实话，当时觉得短发女生的文章有些矫揉造作，可能是有些嫉妒她那绝美的文采，才导致有这种想法。那个男生，其文章给人一种成熟稳重的感觉，当时想，他比我大，没有可比性。总之，我就是有些谁都不服的劲头，也不知在那跟谁较什么劲。

后来，我知道了，女生叫鲁芳宇，男生叫贾楚隽。

训练营的课，我觉得和自己之前上的作文课有所不同，这里充满了写作趣味和挑战。导师深刻的思想，也对我们有着极大的影响和冲击。几次训练后，我发现我的写作能力大有提高。

雨淅淅沥沥地下着，时小时大，有时豆大的雨点受地心引力作用狠狠地砸在我的雨伞上。我拿着外卖，打了一辆车，从语文课的上课地点，赶往写作训练课的教室。

教室里多了一名新队友，她叫杨雅钧。她个子不高，扎着几乎全国流行的女学生马尾辫，她年龄小，显得谨慎、胆怯，仿佛给人一种有社交恐惧症的感觉。我很有礼貌地与她打了招呼，希望给她一个好印象。也是这一次训练，我写了一篇反腐小说《门》。从此，我找到了写作的真正乐趣。

在训练营里，我掌握了一些写作技巧，积累了一些写作素材。我们还学习《周易》《老子》这些从前读不懂的书，让自己的思想得到升华。"潜龙勿用""亢龙有悔""道可道，非常道"等句子的深刻含义，融进了我们的知识 DNA 里。无论我还是队友，在写作和生活上都有了很大进步。鲁芳宇的《点烟》、杨雅钧的《立秋》、贾楚隽的《渔人》，都是在那时写出来的。我感觉自己的思想和把握文章立意的能力上了几个台阶。最明显的变化是，我开始放下别人对自己的看法，毕竟那只是毫无意义的"我相"。

此时，学习时间冲突的贾楚隽正在别处学着物理，我们三个女孩则用尽全力写作。我记得，我们仅用半天，就写了几千字。这就是众人所说的"魔鬼训练"吧。

连续几天，我们用墨水挥洒一切，用墨水把这段时间所学的一切表达出来。我也写出了一篇被导师和队友四处分享的文章。

后来，我们和两位隐藏成员见了面。郑晗予的文笔好，阅读面广，给人一种沉稳、知识渊博的学霸形象。郑铮予还小，虽有他这个年龄的稚气和单纯，双眼也是十分干净透彻，但他的文章比同龄人高出了几个境界。

由于一些原因，郑晗予和郑铮予没能参加训练营游学。我们四人则去文博宫游学三天。

第一天爬文博宫后山时，天气阴沉，空气仿佛凝聚成了颗粒，吸进体内，憋得人十分难受。直到傍晚，从天边倾泻而下的大雨，带走了这种湿热。其间，我们更是经历了一次奇妙的躲雨记。

第二天游览，阳光格外刺目，每一束照在我身上的光，好像都使我灼热得炸裂。我在山上艰难前行，仿佛随时都会中暑晕倒。戴在耳朵里的耳机，都被汗水浸泡得又湿又滑。若不是心中有股力量支撑着自己，我恐怕早已放弃了。

第三天，阳光正好，微风不燥。不知是因为天气好转还是其他原因，我走在了队伍的最前列，爬山时浑身都很轻松，全然没有了前两日的负面情绪。

"文明其精神，野蛮其体魄。"此次游学，当如是。


"我感觉你家孩子，思想变深刻了。"郭妈妈说。

"那都是因为进了训练营……"郭同学是刚来的新队友，也是我幼儿园和小学同届同学。他给人一种精明的感觉，大脑运转很快，写作时总是很快就下笔。他和学霸杨雅钧，是中途加入团队且坚持下来的人。

"我们原生家庭是'因'，团队是'缘'，孩子如今的成绩即是'果'。"

"嗯嗯，我们的选择果然没错。"几位家长一起聊着。

## 清湖点评 ▶▶▶

**本文写作要求**：以自己的写作训练历程为题材，写一篇记叙文。内容要真实、生动、有趣，有一定的文学性。还要有丰富的情节描写，表现自己的独特风格与个性。

虚构类记叙文比较容易写，而真实存在的东西不好写。前者可以合理想象、推理，而后者则必须客观，还原真相。作者笔下的人和事物，是完全真实的，全篇结构完整、层次分明、文字表达精准，且具有一定的文学色彩。

# 《子卡黎》系列

## 鲁芳宇

# 鲁芳宇

女，2008年10月生于深圳，北京师范大学南山附属学校八年级学生。本系列作品创作于该生六、七年级阶段。

自幼喜欢读书和文学创作，尤其对鲁迅先生充满敬仰，作品不乏鲁迅先生的凝练简洁、举重若轻又意味深长的风格。同时，她热爱音乐，多次在国内外各种钢琴演奏比赛中获奖，把中华的传统文化与西方的古典音乐相结合，还自编自创了一些有特色的钢琴曲。

读经典书籍，是与古人的智慧对话；奏古典音乐，是与古人的灵魂交流。未来，继续努力徜徉在文学和艺术的海洋中，收获更多人生成果。

# 小荷已露，映日可期

## ——写给鲁芳宇的几句话

作为芳宇的语文老师兼班主任，对芳宇同学，我还是比较了解的。

芳宇的十几篇作品全部是现场完成，而且有近一半是小学阶段的作品。如果单纯读作品，你很难想象这些文字出自一个十二三岁的小姑娘笔下。

她的作品以小说为主。小说，可以说是最能抓住人心尤其是孩子心灵的文学形式，也是孩子们最能自由地发挥他们想象力与创造力的一种体裁，因此很多孩子喜欢写小说。但小说不是天马行空，它需要精巧的构思，需要独特的视角，更需要一个丰盈生动的灵魂。

芳宇是会讲故事的。她的作品构思精巧，独具匠心。小说《两极乞讨》独特的双线叙述、让人痛感遗憾和深思的结局，充满十九世纪西方短篇小说的味道；《子卡黎》《血》或控诉罪恶或反思历史或揭露人性，作品的思想深度让人惊叹。

同时，她的作品文笔流畅，有着鲜明的个人风格，这也是她的个性使然。芳宇是一个敏感细腻、外冷内热、认真且执着的孩子。她酷爱鲁迅的作品，所以她的作品中有犀利的讽刺，有冷峻的思索，有强烈的使命感，但也不乏细腻且深厚的情感。

卢梭曾说过："只有对伟大、对真、对美的爱，才能激发我

的天才。"我想芳宇的写作天赋也离不开热爱。

她是热爱写作、热爱读书的。每周的随笔，当别人为七八百字的随笔东拼西凑或绞尽脑汁时，她却从不吝啬自己的笔墨，有时可以写上一两千字，从不视随笔为累赘，也绝不敷衍。

她喜欢读书，在校午休时，除了写作业外就是争分夺秒地读书。读书，开阔了她的视野，锤炼了她的思想，也让她的创作有了丰富的源泉。她热爱生活，思考人生。但离开作品，课余她还是那个眨着眼，认真和你诉说交友困惑、学业压力的小女孩。

最后，我想说，文学创作的道路是艰辛的，人生的道路亦是漫长的。我希望芳宇无论未来选择做什么，都能保持这份热爱，始终坚持在热爱的路上，熠熠生辉，扬帆远航！

（高永梅写于2023年春）

# 星际中的蒲公英

他回望背后那个星球。

他依稀看见它曾经的模样，但眼前分明是一块冰冷透光却暗淡的铁盘。地球，你还好吗？真的是你吗？汹涌的心潮，何以温暖这个冰冷的星球？

他是一名星际旅行的资深爱好者，生在地球发展巅峰的年代。他看着高楼不断长高而长高，随着人类科技发展而进步。他时常靠着高楼发呆，努力回想曾经喜爱的那片树林是什么样的。17岁那年，外星文明在另一个星球上可算是让人类给寻到了。人类也更努力地将地球修饰成高科技的模样。25岁时，他第一次来到了外星社会。

这次星际旅行已经比当年方便多了。他熟练地按下按钮，以领头的身份领着一群激动的年轻人来到某外星球。外星朋友已经恭候多时了，指指缩在他身后的几个年轻人。他们惊恐地望着这个尖脸的怪物。

"你不在的一段时间，我们发现了一种极其神奇的生物。想必地球人也应知道，哈，算我多嘴。"他感到疑惑。他，或许还有其他地球人，谁也没有听政府宣布过这件事。"不过你一定还没见过吧。走，我们上去看看。小得可怜的星球上有一根至高无上的权杖，那上面饲养着这个神奇的物种。"

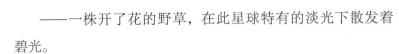

　　——一株开了花的野草，在此星球特有的淡光下散发着碧光。

　　他愣住了。这叶面有一道波浪般的油漆痕。这是新闻报道过的被放生在星际中的地球最后一株草。

　　"它生长得很……它……"他听不下去了。他回望背后那个熟悉的星球，回想一幢幢高楼，又回忆起当年那个彩色而可爱的星球。曾经那些绿色生命的痕迹，竟然被掩盖得如此干净；那遍地的、曾被人踩踏的野草，竟成了宇宙中至高无上的瑰宝。

　　真是讽刺啊！他流泪了。他仿佛想起青梅竹马的小邻居为他编制的、那个被大人随手扔在不知何处的花环。他流泪不止，外星朋友不知所措。"可以为我吹一阵地球风吗？""嗯，如果你想的话。"

　　那是一朵蒲公英。

　　突然，他有些野蛮而又轻柔地伸手握住随风吹来的种子。泪水再次滴在了星际之中。

　　许多年后，他的女儿在遍地的蒲公英中掐下一朵。"爸爸，这是什么？那些人为什么要用手指弹它们？你看，多好看呀。"女儿久违地走下飞盘，踩着蒲公英起舞。

　　"他们要弹——随他们去吧。现在到处都有的。"他按下身旁 Q 字键，拂来一阵轻风。女儿惊讶地望着飞舞的蒲公英，游向辽远的星际。

　　星际之间，飞舞的蒲公英，捎去了地球的可爱。

**本文写作要求：** 假设人类星际旅行已成为现实，而你正是一位星际旅行的资深爱好者。请写一篇关于以星际旅行为题材的叙事性文章。故事开头是伤感的，但结局是阳光的，也就是要有反转。营造的环境、心理、氛围等，与众不同，充满想象力。

这是生长在人类灵魂深处的蒲公英。它的美，在于它轻盈、自由和朴素。

我想简要讲一下灵感。现场写作都必须是现场进行的。现场发挥不出来的实力，不叫实力。

灵感从何而来呢？我愿意叫它"神灵之感"，是艺术之神赐予人类最宝贵的礼物。作者获得了一个灵感，把它写成文章，就把这颗种子催发成了树苗，最终长成茂密森林；但当你对它熟视无睹，就丢弃了这颗种子。长此以往，生命终将一片荒芜。

我很欣慰，孩子们正在把一颗颗灵感的种子小心地收集起来，施肥、浇水，在笔与纸之间，展示着虽显稚嫩但无比投入的园丁技艺。

《子卡黎》系列

鲁
芳
宇

# 第2篇

# 这创意，让我激动不已

我看中一个靠前的位置。拉下丝绒座椅，坐下。

这是一个名不见经传的西洋乐队。听众不多，但都是有一定艺术修养或兴趣的人。

灯光聚焦于指挥。"这首歌献给我们的祖国。"他说着，举起了指挥棒。一瞬间，灯光充斥整个舞台。

最明显的是钢琴。一段独奏清亮而浓醇。

大提琴的低音悠长而深邃。

我怔住了。不同于以往的风格，这段乐章轻快、动听，激昂的古风令人震撼。

小提琴演奏者轻缓地拉动琴弓。一袭白衣的女士拨动竖琴。

这实在是一次别开生面的演奏会。我领略了西洋乐器乐种的多元化，以及中国艺术的独特魅力。

用西洋乐器演奏中国典雅婉转的音乐，这是让人激动不已的创意，更是令人震撼的爱国情。

曲毕。台下并不多的人站了起来。欢呼、喝彩，汇聚出浓浓真情。

"我希望如有些人所说，演奏西洋乐器并不是不爱国，也是演绎赤子之心的一种方式。"小提琴演奏者发自肺腑的独白，赢得了掌声。

接着，她从身后拿出竹笛。

钢琴和谐轻柔。笛声轻灵悠扬，配合西洋乐器之王竟然恰到好处。

我喜欢这种感觉——激动之情难以淡定，又无以言表，只恨"书到用时方恨少"。

演奏厅并不大，笛声一直在铁质的两壁间回荡。钢琴的和声也是毫不违和。其他演奏者同台下人一起默默注视两位演奏者。

曲毕。未落，掌声已起。

"这是我们计划了很久的一次演出。我们想在建党百年之际为党弹奏自己写的歌。我看见你们专注的神情——那是你们对爱国者的欣赏——对吧……"

"这是我们一次大胆的创新。感谢诸位的支持。"他们鞠躬致谢。

多么令我激动！我微笑着，随着众人鼓起掌，迟迟不肯离席……

这是 2021 年深圳市中考作文真题。

怎样的一个"创意"，才会令"我"激动不已？

原来这个特别的"创意"，是指用西洋乐器来演奏中国的古典乐曲。文中的"我"似乎也带领读者欣赏了一场别开生面的音乐盛会，领略了西洋乐器和中国艺术的双重魅力。

作者虽然采用了顺叙的手法来对整个事件的内容进行

描写，但是文章的整体语言却并不平板单调，尤其是在音乐会刚开始时，钢琴、大提琴、小提琴一齐演奏的画面令人神往。作者运用了通感的手法，来描写钢琴的声音"清亮而浓醇"，使本来抽象的琴声变得具体可感。

整篇文章营造出的艺术氛围浓厚，意境柔美，读来使人心旷神怡。以西洋乐器来演绎中国传统艺术，中西结合，相得益彰，确实是一个好创意。但再好的创意，也须有知音的欣赏才会放光芒。一曲音乐，是演奏者与听众共同完成的。

全文表述自由流畅，如同一首行云流水的轻音乐，给人无尽美感。

# 出　村

邻居驾驶着拖拉机送他进城。他频繁地拍打着蹭着车身沾泥的衣角。邻居家是杀猪的，车上难免一股血腥味。他对这衣服也太过爱惜了——但邻居仅是不悦地瞥了几眼，不再理会。

很快，周围低矮的山坡细流以及小平房被突兀的高楼取代了，不时有轿车驶过，分秒过去便换了景致。

"就送你到这了，老李。"

他应声跳下拖拉机，痴呆地望着那些高楼，这里已经是繁华的都市了。绵延的车流中，忽然停着一辆全身淤泥且遍布划痕的拖拉机，显得那样突兀，又那样刺眼。他转身向机场走去，看着年轻男女身上耀眼的彩衣时装，他只好低下头默默地走。

几番周折才进了候机大厅，他步入洗手间想抹把脸。这时一个小男孩将手上什么颜料失手洒染了他的袖口。他惊了，急忙抹了抹洗手液揉搓污块。男孩站在一边不知所措。细心地冲洗后他转过身，男孩以为他要和自己算账，连忙转身跑开——挥舞着的手竟将紧握的衣服扔上了窗台。

男孩吃惊地看着那面高嵌着窗户满是污渍的墙。他径直走了过来，什么也没说，上下蹦几下，够不着。他告诉小孩不要急，于是到外面找来一部行李推车，站在自己的背包上，一只手用力搭住积灰的窗台，衣服紧蹭着墙面，另一只手将衣服取

《子卡黎》系列

鲁芳宇

下来。

男孩接过，又跑开了，男孩的母亲告诉男孩："这件旧军装是那位爷爷最重要的东西。"

他返回处理完污渍，背上行囊向检票处跑去。

"您已经超过登机时间了。请您补 100 元，我们帮您换成半小时后的航班。"

登机了。他望着这只机械感十足的大鸟，莫名感到压抑。

终于，飞机起飞了。窗外的景物骤然收缩，大鸟在往上飞着，在云层之上，在阳光之中……

"您是老兵吗？"一名年轻的空姐问道。她看见这件军衣了。他想揉搓几下先前未及时晾干的水渍。

"是的。"

"参加过抗美援朝，立了三等功。"他回答道。

"您是一位抗美援朝、保家卫国的老英雄。"空姐指着他胸前的徽章动情地说。

透亮的阳光从窗中射进，经由棱角分明的金属勋章洒向各处。他羞涩地笑了，感慨这些出生在和平时代的年轻人竟打心底里赞美和佩服自己。

前辈的捍卫，后代的建设，造就了如今的新中国。

抵达北京，参加大会。当年一个班的几个战友也相邀共聚，找了个小酒馆凑了一桌。

"当年风风火火的三班，如今就剩咱几个了啊。"

"我还是舍不得班长。要知道，班长的牺牲可是救了一个村的人呢！"

…………

他们是主动应召入伍的。

"不一定要能打，但一定得敢冲。"司令这样告诉他们。

最终，他们赢得胜利，挽回了中国曾丢失的颜面。

然而，赢不回的是战友的生命。

时代在变化。看着科技发达，人的思想文化观念的改变，这一批革命战士愈发觉得跟不上新时代了。

"我们老了，落伍了！"

"是啊，孙女居然天天看美国的大片，口口声声说什么'铭记国耻，不只是为了以他国为敌'。"

"是啊，看着如今繁华世界，真觉得被时代抛弃了。"

几人无奈相视，叹气，大笑。

这时，一个男孩走过来说："你们好！请问你们都是红色战士吗？"

"是的，"他笑了，摸摸男孩的头，"我喜欢这个称谓。"

"我想给您这个！"他举起手中的钢铁侠布偶。

他双手接过，朝几个战友挤挤眼睛。

几人共同举起了手中的酒杯……

《子卡黎》系列

鲁
芳
宇

清湖 点评

**本文写作要求：**以"红色"题材写一篇反映中国近现代进步历程的记叙性文章。不少于三处反转。

《出村》，走出村落。这个"村"，既是乡村，亦是心灵的归属地。

战斗英雄在乡村过着普通的生活，接到赴京参会的通知，出村须乘坐拖拉机，一路的颠簸，紧扣了"出村"这一主题。

　　文尾，男孩送给抗美援朝老战士们的礼物，是一只钢铁侠布偶，前后呼应，堪称画龙点睛之笔。

　　钢铁侠布偶是一个象征。我们要实现中华民族的伟大复兴，就必须要和平崛起。但和平崛起，谈何容易！

　　面对钢铁侠，我们准备好了吗？

# 第4篇

# 成功的讲师

《子卡黎》系列

鲁芳宇

"您所讲的，令我受益匪浅。"

"您是一位成功的讲师。这些道理是金钱换不来的。"

"您是一位成功的讲师。"

他只是客套地笑笑。一会儿还有一个饭局等着他，他实在没有精力思量这是不是奉承话。

"这只是与大家分享的沧海一粟罢了，我还需要努力地学习。"他虽然心不在焉，却张口就来。

只有他自己知道，他所讲的每一条建议，每一条"客观的分析"，甚至每一句话，乃至每一个字，自认为都没用。

什么做人要讲诚信，老实本分；什么"请"字开头，"谢"字结尾……他自己都从不相信。社会上的人都心知肚明：社会有时是不讲道理的，甚至是不讲诚信的。就有人是靠点关系，靠点伎俩才成功的。

他是一位成功的讲师。他抓住人的虚荣心而成功，抓住他们不敢说破他而走向成功。但同时他又希望能有一个人推翻他的说辞。

有学员来了灵感，还在一脸敬仰的模样，在他眼里却显得可悲。他与他都是这社会残酷的陪葬品啊！

回到咨询公司，一眼就看见几个因狼性文化而失业的弱者。

他们见到他，便怒目而视。毕竟他从来不被竞争文化威胁，他一直是成功的讲师。

下一场演讲将是他的最后一场演讲。他已经老了，这辈子讲了这么多的假话才成功。十五年前，他便厌倦这样的演讲，这样的生活，这样的自己。那时的他已经开始图谋最后一场讲座。他必须否定自己。今天的这次演讲，他准备了十五年。

开始了。

会场上聚集的是那些熟悉的身影，他们已经取得成功。想听听这讲师界一流恩师的最后一讲。

他拿起了白板笔。他看见自己的手，粗糙、干燥。他写下了三个词。

"朋友们。你们已经知道社会的残酷。要想在这社会上立足，老实、努力是没用的。"他语出惊人，台下的人面面相觑。

"但我也不全是骗你们的，"他在笑，"我常说'自立，不能依赖别人'。那是因为社会上只能相信自己。'坚韧，不被挫折打倒'，那是因为挫折太多。'果敢，相信自己的判断'，除非你能当上领导。"他很用力地去表达。喝一口矿泉水，也不急着说，而是停顿了三十秒。

"听过我讲座的人，很多成了社会上的成功人士——你们为什么不来否定我呢？"他带着悲愤说。这时，一位中年精英白领站了起来。

他没有阻止。他一直希望有人义正词严地否定他，即便是最后一讲。

精英白领开口了："不，我们都坚持按您说的去做的。诚信、礼貌……然后，我们现在都成功了。"

他愣住了。他眼里泛着泪花。

"所以，您在我们心中，永远是一位成功的讲师。"

**本文写作要求：**要求用金钱、饭局、沧海一粟、灵感、狼性文化、白板笔、自立、坚韧、果敢、矿泉水等 10 个关键词，按序有机结合写成一篇文章。

这是一篇十分难得的充满反讽意味的小说。

这位讲师十五年来，讲了无数遍他自己都不愿相信的所谓道理。而这样的讲师，却被世人奉为"最成功的讲师"。这是值得我们深刻思考的一个社会现象：多少沽名钓誉之辈，多少南郭先生，占据了讲台和舞台。我们在学习时，对于老师的私德，更多由各级组织考察，只要他没有违法乱纪等恶劣行径，我们跟他学习知识就好了。

鲁芳宇同学的这篇作品能让我们深刻反思。

《子卡黎》系列 鲁芳宇

第5篇

# 点 烟

点烟。小嘬。抖灰。

眼瞅着到 7 月 1 日了。他欲要提笔，少则一首五言诗，多则万字文来纪念，纪念"七一"。他不知怎么写，于是来了江边，一个人吸着烟。

有时有风，助了他抖灰；有时无风，他便凝视那烟圈。他渐渐看不清那烟圈了，欲要凑近了察看，接着被呛了眼。泪眼蒙眬，他忽然不觉得自己坐在江边了。

小嘬。抖灰。吐气。

他在这其中寻觅着当年。

…………

"说！说！共产党在哪里？"他冲着正品味一团烟雾的人大喊。周围的人不动声色，朝着那小鬼抛石块。石块划出了几道血痕，而小鬼不急着擦拭伤口，而是用好不容易抬起来的手，举起烟。

他要气炸了！这个人到底在搞什么鬼。"你说不说 —— 我记住你了，小子！你叫什么？"

"你这个叛徒！我叫殷果。为你这个汉奸感到耻辱的共产党党员！"殷果大骂，"叛徒！逃兵！向日本鬼子摇尾巴的懦夫！"

"给……给我拖到江里去！"


小噘。抖灰。烟灭。

他一晃神，跌下了江堤。烟不知去了哪里。他瞬间忘却了写文章一事。

…………


烟灭。烟灭。烟灭。

殷果呛着水，一边扑腾，一边叫喊着，咒骂着……是那样无助而渴望救援。

他不肯放过，静静地看着殷果在水里扑腾，仿佛被另一种情绪控制着。


烟灭。烟灰。烟卒。

"60 秒！按下去！"他一挥手。"小八路，别说你这就晕过去了！"他凑近看看。

"我的烟呢？"

"我点着烟按你王八犊子嘴上，看你怎么玩烟。嘿嘿……"

"黄毛小子活腻歪了？！"

……游击队及时赶来解救了殷果。


"烟！烟！烟！"

今晚，他不小心滑进江里。

他数够了"六十秒不止"，大口喘着粗气，瞎摸着上岸，回到家中。他换套干衣，翻开本子，忽又觉得无从下笔。他自己不喜欢抽烟，从始至终。他大脑一乱，又下意识摸摸满是胡茬儿的下巴。他摸到一个疤……

他被殷果等人捉住了……

他已经被殷果骂得无言以对。如果有再生机会，他一定会痛改前非。他自知将死，就地坐下。小鬼递过一支烟。"烟！烟！给你烟。"约莫十分钟，他才吸起来。

"我以后要当老师，专门讲你这种丑恶嘴脸的人！"殷果几个人商量后，让他活了下来。

点烟。抖灰。吐气。

他苦笑一下。上个月，听说小鬼体弱病死的消息。他没去。但听说小鬼身边有个叫风玉的倒哭得很凶——据说是他的女学生，前几日她还听殷果讲建党一百周年故事。

"殷果那时体质更弱还能撑过60秒……不愧是你呀，殷果。"

"那年的某一天，他成为一名教师。教导学生们，何谓'乾，元、亨、利、贞'。点烟为元，与殷果初识；吐气为亨，殷果被捉住了；烟散为利，他被捉住后，弃恶从善；共同为党和人民奉献……"

烟灭。烟灭。烟灭。

他把掐灭的烟嘴扔到一边，腾出两手，一只手握紧笔，写："点烟。小噈。抖灰。眼瞅着7月1日了。我要提笔纪念他。"

**本文写作要求**：以对"乾，元、亨、利、贞"的领悟，完成"建党百年"为主题的文章。

该作品体现了作者一贯的写作个性风格：文学色彩比较浓厚。

故事情节：一个日本人的走狗，抓住了八路军小战士殷果，对他严刑逼供，逼迫他说出共产党的秘密。在审讯过程中，殷果宁死不屈。后来，这个人被殷果抓住，但殷果没有杀死他，而是放了他一马。此后，每年"七一"，他都要写诗或者撰文纪念。"七一"之际，他更要动笔追思，于是来到江边抽烟、漫步。全文的情节，也就由此展开。

全文最大的特点，是将现在与过去，进行时空切换，跳跃性强，给人一种奇妙的阅读惊喜感。

阅读文学作品，不外乎有着两种体验：要么是消遣的，消遣类的作品，自然也就是肤浅的；要么是深刻的，深刻类的作品，是要去思考的。作者把《周易·乾》的核心思想，借助"点烟"这一意象加以发挥，不仅切合了题意，而且丰富了人物的文学形象。

《子卡黎》系列　鲁芳宇

第 6 篇

# 那年夏天

乐正馨拨开了珠帘。

她倚着窗朝外望。丝丝雨，甜丝丝，泽碧溪，好一番诗韵。

仆人送来晨膳。她不予理睬。烦了，也只呼："退下！今天谁也别来烦我！"

仆人连忙离开。谁都听说了最近乐家小姐惹不得。但究竟为什么，谁也打探不出个缘由，于是府里传讹："小姐准相思哪个平民汉子，不愿嫁给上官公子喽！"

仆人闲暇之余便议论纷纷："传闻上官公子才貌双全，哪里会比不上平民百姓？""再过两日上官公子可就到了！小姐不要，我可要！"

乐正馨自然对此等传言有所耳闻。她也不明着指出，她对这个姓上官的感觉还不赖，温文儒雅，眉眼清秀，只是仅有一面相见。她发愁，若对方只是贪图她的美色，实则是个伪君子，那怎么办？

可这是家族联姻，而且他确实很帅。想到这里，乐正馨不由得双颊泛红。但她好歹是位小姐，好面子，连忙不再想他。

她束起珠帘，看着门前低矮的小池塘逐渐被雨水淹没……边缘残荷娇羞地泛红，仿佛在待其如意郎君。

"已经出发，约莫个把月了吧。虽说路途甚远，但也该到了，上官隼什么时候才到呢？——啊，怎么又在想他！"小姐捂着脸，摇摇脑袋。

"小姐，您代表的是家族上上下下，莫要为红尘俗世误了事啊。"

"我知道！子涟。走，陪我出去看看。"乐正馨抬手拿起布伞与弓箭，拽着丫鬟顾子涟往外走。

雨中漫步，脚下荡起水涟，一派雅兴。不一会儿，雨停了，乐正馨把弓箭递给子涟："来，那里是我挂的靶子，让本小姐看看你有没有进步！"

"嘘！"子涟忽然脸色有些凝重。

"好像马嘶鸣声！怎么回事？这么大的雨，有谁会来？"

"走，小姐，我们从后门回房！"顾子涟接过弓箭，拉住乐正馨的手，奔回房屋。

换鞋进屋，乐正馨从窗中窥视。远处，她仿佛看见一只似猪非猪而全身污垢的动物。近了再看，猪背上竟都是污泥。

"刚下过雨，这些人会赶着猪赶路？子涟，好像是一伙鬼怪来了？"

顾子涟凑过一看，一声惊叫，转过头来："是盗寇来了，小姐！我保护着你。"

乐正馨吓得双腿发软，根本无力起身。

我堂堂正正乐正馨，难道先让盗寇吓死不成！乐正馨站起来，往外一看——"子涟，拿箭！"

"在！"顾子涟递去弓箭。

"那不是盗寇，上官隼来了！"

"上官公子？那又何苦打扮得这般……"

"速去迎接！告诉父亲，我要更衣。请公子等候片刻！"

"是！"

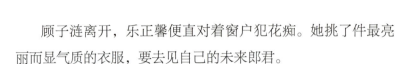

顾子涟离开，乐正馨便直对着窗户犯花痴。她挑了件最亮丽而显气质的衣服，要去见自己的未来郎君。

"小姐，您的形象代表着整个乐家！不要多说话，切记切记！"顾子涟再叮嘱一遍，才把乐正馨扶进屋。

"爹、爹爹，上官公子，来了？"乐正馨虽言语打顿，但行礼显得柔美。

她咽咽口水，极自然地直视着对面的男子。经长途跋涉，已是风尘仆仆，但无法阻挡上官隼眉宇间的帅气。

"哈哈，你们之间就不必客气了。馨儿，给隼倒杯茶！"乐正馨的父亲——乐正骥大笑着指指茶杯道。

"那……可以唤您隼吗？"乐正馨用纤纤素手倒茶，双手递去说。上官隼轻轻点点头，示意她放在桌上。

仆人进来，对乐正骥耳语几句。"嗯。那你们俩先聊。子涟，随我退下。"顾子涟待他出去，对乐正馨比了个两人明白的成功手势，带上了门。

房间顿时无比安静。乐正馨的心随着他近在咫尺的呼吸声跳动。她悄咪咪瞟一眼对方，只见隼的面色冰冷，便心想："什么嘛，这么凶！实在浪费了这张好面孔。"

"你，你好，我叫上官隼。"他开口，言语中略显青涩。

"嗯。我，我是馨。"

又是一阵安静，这对都快成亲的男女都不敢看对方。

"先说好啊！我只视此为家族联姻！我除了红尘俗世，还有更重要的事！"

乐正馨，你说了些什么？乐正馨此言一出，便两颊赤红。

"什么嘛！不过檐下又多一人吃喝睡罢了！"说完，上官隼赌气地扭过脸，两颊也赤红。

噗，还挺可爱的嘛。

"后院梨花开了，有兴趣陪本小姐去赏吗？"

两人交谈甚欢，不久结为夫妻。


十五年过去了。

她今年 32 岁，脸不如那时光滑水嫩。在终日对夫君的相思挂念中，起了不少皱纹。

"夫君，此行要待何时再见？"

"馨儿，我会吩咐子涟来陪你。雨季不要外出，闲时可再看看窗外梨花。"他低头吻了一下妻的额头。

"隼！……"

她哭了。她的泪随雨流下，淋着上官隼，人渐行渐远。

她忆起十五年前。她曾经那么幸福，那么甜蜜，如今多么心酸，多么寂寞。

她忘了，忘了他是上官府的嫡长子。

即使她知道，他是那样深爱着她……他们互相深爱着对方。

但她的心，终日不得欢。她老了，很明显地变老了。

"子涟……"

"在，小姐。"

顾子涟是前两年才从乐府过来的。上官隼不在时，便由她来照顾乐正馨。十多年过去，她高了，也没了稚嫩，还练得一手好箭法。

"我会想他、很想他——因此很痛苦。"乐正馨对子涟说。

"您知道，他会回来的。"

"但又会走。"


"如果十五年前真是来了一群盗寇？"

闭上眼，幻想若是那样，她的夫君将是什么模样。

乐正馨的想象中，那男子有隼一样的俊颜，只不过她会与那个人一起上山砍柴……她总是忙，满面尘土。他会陪着她雨中漫步，享受诗意的幸福。她仿佛不再痛苦。

　　乐家门前池塘边缘那枝残荷，仍然娇羞地泛红……

　　仿佛在待其如意郎君。

## 清湖点评

　　**本文写作要求：**在《周易》哲学思想中，选取一个金句，取其核心思想，完成一篇小小说。

　　作者选取"上九：睽孤。见豕负涂，载鬼一车，先张之弧，后说之弧。匪寇婚媾，往，遇雨，则吉"。

　　这可以称得上是一篇比较完整的、精巧的、充满深刻思想的小说了。正如作者及其同学所说的，叫"古风小说"。

　　作者在现场一口气写了2000多字，文学性之高，已足够给人惊喜！

　　乐正馨是一个内心渴望自由、聪明、乐观而又积极向上的年轻女性，但她为了家族利益联姻，嫁给上官家的嫡长子上官隼。这本是一对郎才女貌或曰女才郎貌的佳偶，他们的结合，本是门当户对同时又情投意合，应是很完美的婚姻。十五年过去，这对夫妻过的是聚少离多的生活，作为嫡长子的上官隼，必须要外出，或是征战，总之乐正馨竟成了闺中怨妇。

　　文中选取的是《周易·睽卦》之中的一段描写：求婚者长途跋涉，差点被当成盗寇射死。这段文字，也充满了戏剧色彩，有着强烈的反差效果，文学性很强。选取这一段，加以"故事新编"，这是作者的聪明之处。乐正馨虽然衣食无忧，丈夫对她亦是关爱有加，但她并不满足现状，她甚至幻想着如果当初嫁给一个农夫，恐怕也不失为一种幸福。患得患失，不安于现状，恐怕正是人类的通病——不论是古人还是今人。

全文以重复句结尾，巧妙点题。这真是一种巧思！

# 血

"道可道，非常道；名可名，非常名。"

"道可道，非常道。"他为了生存而流血。她为了祖国荣辱而流血。

"名可名，非常名。"他是"野蛮"的原始人，她是"文明"的现代人，都在战斗中鲜血四溅。在岁月的长河里，什么样的流血是永恒之道、永恒之名呢？

回溯到很久以前的原始社会。某个部落里，有一个身体强壮的原始人。他与猿类长得有几分神似，成天邋里邋遢，嘴里吐出"呜呜"的叫声。他正在和另一个部落的人战斗。他至少有一个星期没吃饭了。为了争夺这一口野猪肉，他们只能一边发出咒念，一边厮杀。

——鲜血四溅。

她是现代战争中的一名孤儿，不明白自己为什么生在这样一个糟糕的国家。敌人为了这片土地可是费尽了心思，炮火响彻了世界。她孤独地藏身于双亲死前住的阁楼，闭上眼不去看烽火遍地，捂上耳不去听那刺耳的惨叫。

——鲜血四溅。

两个部落在饥饿的逼迫下，用手势达成了休战协议。剩下的人不多。他吃了个饱，便回到部落磨刀。他知道，不出十天半月，必又要开战。为了什么？为了生存！

她被一位军官收留了，在一个狭小的空间里学习如何使用枪支，如何防身。半饥半饱练了几年，她成为一名优秀的女兵。"下周就轮到我们去前线了。"她握住发抖的枪。为了什么？为了祖国！

瑟瑟微风扬起沙尘。他站在另一部落阵前，刚刚啃了一只生兔子，嘴角还挂着血丝。

他阴沉着脸。石斧在阳光下闪着银光。走出了几个人，他快跑去，接着呐喊着挥舞手上的斧头。敌人也奋起反击，他没有机会去擦一把眉间流下的血，手中的石斧砍进了敌人的胸膛，然后擦擦新挂的彩，就去帮族人了。

她的心脏被敌人的子弹开了个洞。敌人一边得意地谩骂，一边还踩着她的脸，正得意，就被她的战友刺死了。战友跪着哭泣着为她祈祷，但也没有幸免于难。她仿佛还能听到一阵阵枪声和惨叫。

他首先登上了这个部落的顶峰，他们将珍藏的食物洗劫一空。接着就走了。

他们输了。她的战友们正在饱受凌辱。

清湖**点评**

　　首先，这篇作品中，作者从小我突破到了大我，而且上升到了对历史、人性、永恒的思考。

　　其次，文章运用了时空穿梭、蒙太奇的手法，画面感强，冲击力大，引人深思，久而难忘。全文采用双线串行的创新写作方法，画面不断切换，形成了一种特殊的美妙的阅读体验。

　　最后，作者对战争的思考，极为深刻。如原始人的战争，站在自身立场上，可能都是必须的，都是正义的。因为不战斗，就没有食物；没有食物，就会饿死。双方都是为生存而战，也都有其合理性。在原始人眼里，清晨出发去征伐另一个部落，和出门狩猎又有何本质区别呢？原始人的杀戮，现代人的对决，也使人产生一种虚幻感。

# 第8篇

# 我与世界

### 初 生

对我而言，眼前的一切都是陌生世界。

温暖的、刺眼的、粗鲁的……

听见我的哭声了吗？这个世界。

### 6 岁

六年资历，我忘了太多事。

我爱这个世界！因为我有我的父母和玩伴。他们是我世界中的美好伙伴。而我，也是这个世界的美好一部分吧！

将来我是否把真情置于人世间的亲情、爱情，我不懂。我受气则哭，而在葬礼上看着"泪人们"，懵懵懂懂。

至少，你的爱不基于条件。大人的话，让我害怕——我是这世间的异类吗？

### 13 岁

在我这个年龄段，必然是迷茫的。这或许是人们口中的"青春期"。

我开始害怕，接着烦躁；抓起眼前物品莫名一摔，与长辈吵嘴……

我开始思考，我与世界为何结缘？又如何解缘？

"处无为之事，行不言之教，万物作焉而不辞，生而不有，为而不恃，功成而弗居。"我有时背诵，若有所思——这是世界的处事方式啊。

但一经讲解，我才明白"喜欢是占有，爱是放手"罢了。

## 22 岁

初入社会。人性看来比我想象的复杂又简单。

复杂源于变本加厉。从跌倒时的嘲笑，变为工作时的心机。简单因为逻辑明白，或利己或利他。

不过美好也是依旧。阿梨还是那个阿梨，她使我在为人处世时抱以真诚的态度。

爱不能基于物质，要不然就脏了。

## 27 岁

我想，我明白了。

我是，阿梨也是。

## 35 岁

我结婚了，和子一！

中年男人是被世界所重视的。事业、家庭……我负债累累。我仿佛迷失其中又乐在其中。

我将青春梦想给了阿梨，却将往后余生交付子一。

我再想起课本上那句：

"万物作焉而不辞，生而不有，为而不恃……"我深知它的意义浓厚沉重，只是我还不能明确怎样准确把握。

能看着眼前爱的人，是世界给我的馈赠。

## 50 岁

子一因病去世了。

我长久没敢告诉儿子。他正值青春年少。

"功成而弗居"，我为大我奋斗，实现了人生愿望、共同理想，内心反而更加平静。

## 80 岁以后

我老啦……

我抓紧翻阅少时的日记。上面写满了"我与世界"的字眼。我开始思考 ——"何以与世结缘又解缘"。

结缘，是冥冥之中还是情理之中？也许参照解缘，一个人糊涂，一个人醒来。缘起缘灭，即是如此。

清湖**点评**！

"我与世界"是一个永恒的话题。

文章主要以"我"从出生到终老的整条线索，穿插了多个片段。作者分别介绍了"我"人生中几个重要的关键阶段——出生、幼年、少年、青年、中年、老年。以片段来展现人的一生，每一个片段都具有代表性和典型性。在22岁以前，"我"认为"爱"是不基于条件、不能基于物质的；但在27岁时，"我"已经慢慢发生了改变，"我"对世界的看法也清楚了；来到80岁，"我"又开始思考"何以与世结缘又解缘"。

因此，"我"以"大我"而立于世间，在"有为"之后

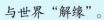

与世界"解缘"。

　　综上，作者可谓通过千字短文，写尽了人的一生。沉重中透着轻松，通透中含着迷惘。这或许，就是人生的真谛。

　　立意深刻，文笔老辣，用白描的文字，勾勒出一个人在人生各个节点的际遇，感伤中有奋进，无奈中有豁达。

# 两极乞讨

《子卡黎》系列

鲁
芳
宇

民国时期，香港铜锣湾。

我看见了这个老乞丐。摸了摸少得可怜的几个硬币。

老人家手中的碗，只有几张浅绿色钞票。我不忍直视那双狐狸般的眼。我将手上的半瓣橙子递了过去。

"啊……算了吧。你自己吃吧。"

我赤着脸回到家。

哪个叫花子不希望出门满载而归？

这注定是一份可悲的职业。

天桥上卖花的小姑娘，对着年轻男女一口一个"天长地久""百年'花'合"，就是一笔笔小生意。人们对她赞不绝口。只有我知道，她将售价降低了多少次。

至少乞丐不是亏本生意。

我在一家人的开放式花园旁休息。一个男孩过意不去，在我面前停下。他刻意地隐藏摸硬币的动作。

我拒绝了他的水果。我多么想让他知道，我并没觉得保证自身利益有什么不好。

这不是人性的丑陋，而是身为普通人可贵的自知之明。

我看见了蹲在窗外的老乞丐。我感到不安。他肯定是记恨了我那一块廉价的水果。

我试着假装自己没看见他。我不知道他会以什么目光、什么态度来看待这个没爱心的人。

可惜，我听见了人们的指责。我恨透了那些手高眼低的家伙。这十块钱是午餐专款。没有富余。

我跑开了。而那些人也叫骂着，走开了。

希望老乞丐能离开吧……


人是无法接受单方面交易的。那些会唱的、会跳的，每天都能比我多赚好几倍。

可惜那一段混乱的经历，只带给了我悲观与恐惧。

傍晚，我再次来到男孩家休息。借着光线，我观赏着树上的风吹叶动。

次日，我又一次看见了男孩，他头也不回地走开，令我心底不平。

如果他再递给我半瓣橙子，我一定会欣然接受的。而那天，我肠胃欠佳。

我上街乞讨，一个小姑娘递给了我五十元。我激动得想握手道谢。

她一愣，跑开了。我只好尴尬地擦擦苍老的手。

揣着"巨额"钞票，走进餐馆却被赶了出来。——或许乞丐只配低贱。在"上善若水"的原则中，我们只配"可悲"。

我更加悔恨于拒绝一个男孩微笑着递来的半瓣橙子。


阴魂不散！

这个叫花子一定是对我早上的不予理睬感到不满，竟尾随我来到了餐厅。虽然他被店员赶了出去，但我心有余悸。

我更加悔恨于递了半瓣橙子给一个这样记仇的老乞丐。

我也对他怀恨在心。

想着这几天的种种迹象，我判定他对我心生歹意。这是一个可怕的事实。

日子一天天过去。我从那双狐狸般的眼中，竟看见了猩红的杀意。那双眼睛在我的梦境乃至生活中处处困扰着我。

必须做一个了结了。

我从父亲的皮包中取出了一张上万的支票。这个价足以让他离开这里了。我挑了一个工作日的早晨，将它扔进了守株待兔的乞丐碗里，恳求说："放过我吧，求你了"。

我盯着男孩跑开的背影，甚是不解。上万元的支票，实在不是个小数目——这足以让我翻身做人了。

朋友劝我就此功遂身退。去一个这家人找不到的地方，抽身离开下流社会。

但见好就收在这里碍于我的良心。这不可能是一个学生拿得出的数额。如果一个善良的男孩被我"感化"而误入歧途，我将悔恨终生。

傍晚。我拉住正准备进门的男孩的手，将支票还给他。

他脸色大变。

他实在是一个敬业的复仇者！

我看着这张支票，近乎崩溃。

我一再请父母带着我搬离此地，可从未被允许。

我被那双狐狸般的眼睛和刻意的笑脸束缚。最终选择了离家出走。

那晚，所有人都熟睡着。

父母也是。乞丐也是。

已经有两三周没见过男孩了。我只好将这封信放在他家门口，离开了。

他的好心，实在有些极端。我也不能在此栖身了。

他一定会祝福我的。善良的男孩，一定会幸福的……

我起身离开。那晚，世界都睡熟了。

月亮也是。星星也是。

## 清湖点评 ▶▶▶

**本文写作要求：**将《老子》中的"天长地久""上善若水"和"功遂身退"三个成语，作为关键词，按序有机写入文中。

这是一个老乞丐与一个男孩的荒诞故事，但他们都很用力地去观察与思考对方。

两个人的交集，扭成奇怪形状的麻花。这麻花不是"开心麻花"，而是一次伤心透顶的误解，是"半瓣橙子会引发的血案"，是一场并不必要的出走事件。全文采取双线结构，老乞丐与男孩的心理活动，互相切换，形成照应，节奏快，画面感强。

男孩畏惧老乞丐会报复，偷给老乞丐一笔财富，乞求老乞丐离开他的世界。老乞丐不能接受男孩来历不明的巨额施舍。

男孩对于复杂世界的误读，放大了外界的恶意，他想与世界做良性的对接，甚至不惜讨好这个世界，但他最终得不到他想要的回馈。这都源于旧社会恶劣的人际关系及青春的单纯、不安与躁动。少年的心，敏感，脆弱，悲悯，像玻璃那样透明、美观而易碎。老乞丐历经了人生的苦难，但他仍保持了人性良知。这反倒为男孩的误解、忧惧乃至出走，抹上了悲凉又荒诞的底色。

　　两个好人，就这样莫名其妙，互相伤害。

　　我们活在真相之中，但偏偏看不到真相。因为我们都在执着于"我相""人相""众生相"，而作者写出了这种虚妄，她帮我们不露声色地揭开了旧社会的人性与虚妄。

《子卡黎》系列　鲁芳宇

# 刺　眼

我被分配到某日企项目三组。

刚进门，我便察觉到工作间的休闲气氛——这哪是什么项目组，简直是女子茶话间！

围拢在一块的女人们，似乎听见了动静，转过头来，显得如释重负。中间一位踩着闪亮彩色高跟鞋的女人缓步过来。

"欢迎加入我们部门。我是主任未雏。"昏暗的灯光下，我不免觉着这鞋子有些晃眼。看见未雏小姐远远伸来的手，我也就站立原地握手。

地上桌上杂物很多。一些同事回了家。一名戴着圆框眼镜的女生上前来帮忙。"我叫清濑。有什么不懂的可以问我。"既然她如此说，我就问："咱们部门这么清闲吗？"

她笑笑："是的。毕竟是外籍经理夫人的部门，承担一些比较特殊的任务。"

我似乎有些眉目了。"未雏——小姐？这么说，她是个关系户。"

"不！不是。未雏小姐可是靠实力进来的。"清濑神色有些慌张，丢下一句"我先走了"便匆匆离开了。接着，未雏进来了。

"我没准备什么，就将自己亲手做的蛋糕分一份给你，就当

136

是见面礼了。清濑她们都说非常好吃。"我望着那一小碗似饼非饼的东西，一句感谢话没讲，还有些为难地收下。待她离开，我端详着这块东西，索性尝试一口。难吃至极，像是什么腐物混着糖浆在嘴中化开。我忍不住吐了出来。"根本就不是人吃的嘛！"我随手将它扔进了办公室门侧的垃圾桶。

翌日清晨，我低头看到，那块蛋糕经过一夜，竟化开为乳白色液体。我忍不住笑了一下。一抬头发现，办公室所有人面色难看地望着我，仿佛我那一笑是罪证。这是能断送我入职初路的放声一笑！"你怎么能这样啊！森子。"清濑走向未雏小姐，靠了靠她左肩，有恃无恐说道。

"明明是这么好吃的蛋糕！"其他人也接连赞叹。"嗯，我昨天肠胃欠佳。"我被这气氛吓着了，只好拿身体理由搪塞。未雏小姐此时阴沉的脸色消退，从身后端出一盘曲奇："实在可惜，再尝尝这个吧。我昨天可是研究了很久的！香酥可口。"

这回我学乖了。"不，不必了。我也带了自制的馅饼。大家都来尝尝吧。"

然而，没有人理会我。

我尴尬地抬起头，看见了未雏小姐更加阴沉的脸。我一下子全明白了，为什么清濑仓皇逃走，为什么大家对我的一笑如此不满……

下午，我被调离了部门。

新部门人少事多任务急，各人忙各人的，我并不觉得这有什么不好。偶然的一次，我被派去项目三组送文件。

五分钟前刚从走廊经过，还听到她们的嬉闹声，推开门，竟然出奇地空无一人。我打算把文件放在未雏小姐桌上就离开，右拐——脚下被什么东西绊到，文件散了一地。地上躺着一个人。

"未雏小姐……你怎么了？"

我向门口拖拽。

那双彩色高跟鞋，在拖拽中落下。

当真 —— 刺眼。

### 清湖点评

**本文写作要求**：表达文中的"我"，不谙世俗人情，不从众，不附和，显出精神意识上的"刺眼"。

在项目三组所遇到的一群人，折射出了人生百态。

未雏小姐不是什么大奸大恶之人，她可能还有一点热心。她眼中的好同事、好下属，其实都是碍于生计，不得不对她虚与委蛇。但是，在这个过程中，未雏小姐其实已经为自己埋下了祸患。物质形态上的高跟鞋"刺眼"，与另一种"刺眼"激烈冲突，形神呼应。

结尾部分，未雏小姐昏倒在地，没有一个同事救助她，而是全部逃离，任其自生自灭。也还可以用最大的恶意来揣测未雏小姐的倒地昏迷，可能是无法忍受的同事们一手制造的，幸亏"我"因为去送文件才得以发现后施救。

这双高跟鞋，是个很精巧的设计：高跟鞋是一个寓言，是一个象征，是一个讽刺。高高在上，不接地气；容易扭伤，咎由自取。

作者略带荒诞、夸张而一本正经、出人意料的轻描淡写，让人觉得真实可信。

# 第 11 篇

# 子卡黎

《子卡黎》系列

鲁芳宇

日本福岛地区发现了哺乳类新物种。

幸运的是这次捕获成功。但事件发酵严重，像人的新物种很快成了世界怪谈主要素材，也是 SCP 网站上的头条推文。外网上流出很多疑似新物种的照片——只不过大多是由 P 图软件制作或特殊角度拍摄的。

"真是一群无聊的人啊。"墨雨想。

她是日本邀请来的生物学家。目睹新物种的真容后，再看网上的一系列描述实在令人发笑。她抚摸着这层玻璃——里面的它正在昏睡中。

墨雨凑近看，它的头部与背部突兀地连接，两只眼睛斜向生长，腹部一个酷似人类肩至手腕部分的躯干扭曲着，腿部短小。

墨雨有些厌恶地想，这恐怕是人类与什么水生动物交配的后裔吧。她用铁棍敲了敲玻璃。

它醒了。扭曲的瞳仁闪着光，或许是实验室映出的寒光反射吧。左肩上的肌肉动了动，像是在对她笑着。

墨雨愣住了。它像是一个大婴孩，身形夸张地扭曲。但它竟有这样滑嫩的皮肤，像人一样。墨雨立时回想起多年前在海面上拼命挣扎的孩子。它笑起来面部却是善良的、熟悉的。

墨雨看着这物种，甚至有了这奇葩的联想。

墨雨不清楚日本人起的名字内涵，但音译过来是"子卡黎"。

这几天，墨雨代表发现机构出席了子卡黎相关研讨会。听着周围人杂乱的口舌之争，她对于它那个"笑"愈发感到恐惧。她恐惧地想，会不会是儿子转世寻求她的庇护？她也恐惧地感到这不可能是真的。

它的形象最终被当地报纸曝光，很快也引起了联合国的重视。出于安全考虑，人类对它做进一步的检查。在经过官方确认后，检查需在次日进行。墨雨站起来："明日的检查，由我操作。我会还诸位一个真相的。"

子卡黎被捆绑着，粗暴地推送至各个单间，它在冰冷的机器上，无助地望向玻璃后的墨雨。

墨雨草草地在案上不停记录，没想到一天安排了这么多项测验，也没想过结果这么快就出来了。

受核辐射影响导致人体基因变异的检测结果出来了。

她在玻璃窗外回避了子卡黎的目光。子卡黎成为这冰冷的实验室中唯一发热的东西。

它的泪，流在曲着的肢体上，顺着背部流淌下来。它悲伤地望向玻璃，却发现墨雨已经离开。它也被粗暴地转移至另一个房间。

墨雨用铁棍轻轻敲玻璃，未得到任何回应。"困了吧，子卡黎。"她用慈爱、悲悯、失望的眼神看了它一眼，便离开了。

"子卡黎不见了！子卡黎不见了！"

墨雨刚拿到 DNA 检测报告，便听到如此坏消息。

"子卡黎，子卡黎！"墨雨连报告都顾不上放下，随着地上的血迹跟了出去。看着一深一浅、似人非人的血痕脚印，她奋力奔跑。终于，她在海岸边看见了它。她在岸上，它在水中扑腾着。就像当年一样，墨雨只能在岸上无助地大喊大哭。

"朝岑……"

当年的无助、悲伤、绝望、恐惧，顷刻间再次涌上心头。

脑内映出的，是与他们的初见——那和善的笑，是她一生的救赎。

不想再留下遗憾，不想再留下遗憾了！墨雨纵身扑下。

一个在海滩，一个在海中。墨雨奋力向子卡黎游去。

海水吞吐了地球万物，也吞没了"新物种"与一种被称为母爱的真情。


"是父母抛弃的人啊！一切可算是真相大白了。核泄漏的问题。"

什么世界威胁，什么宇宙爆炸新闻，一切转瞬即逝。

清湖 点评！

▶▶▶

　　故事中子卡黎是日本核泄漏事件的牺牲品。他是人类，但又不是人类，是一个绝望"新物种"的无声控诉。

　　故事的情节大概是这样的：日本核泄漏事故后，中国的科学家墨雨应邀去协助调查。新物种"子卡黎"被关在玻璃箱中，墨雨由这个怪物联想到自己溺水失联的儿子。在检测中，子卡黎从玻璃箱逃走，墨雨追到大海，跳入水中去救子卡黎。写出了人类在巨大的灾害面前那种孤独、无奈和绝望。而这灾害，恰恰又是人类自己一手造成的，这就更加重了故事的悲剧色彩。

墨雨的出现，是母爱的化身，是人类心底善念的发端，而"子卡黎"的出现，是作者对人类自我危害行为的控诉。本文通过这个感人至深的故事，反映了日本核泄漏给地球环境带来了不可逆转的影响，同时也批判了日本在灾难发生后，将核污水排入海中这种极其不负责任的行为。

# 在两个世界相识

我认识澜，是在公司聚餐上。上司出于对个人社交需求的考虑，将各部门人员打散排座。

他就在我旁边。

"庆祝公司第十一财年的丰收，我们将随机抽取场下一人给予现金奖励……"

于是，所有人都紧张起来。公司大出血，报了个不小的数目。人们攥紧了拳，有些窘迫地望着台上。

这其中的我和他，显眼也最沉默。我也对这种类似侥幸得到奖励抱着极大的热忱，但终究是不曾幸运过。我的注意力被身旁这个消瘦的年轻人吸引了去 —— 他正用一种平静又有些怪异的眼神望着一个眉目中尽是着急的女人。

"B3座！"随着此音，台下的哀叹疑是被扎破的精神气泡。而先前着急的女人则独自欢呼雀跃着 —— 我身旁的小伙子也收回了视线，一副"果然是她"的神色。

"怎么，你早就知道是她了？"我饶有兴趣地凑上前问道。

"嗯。"他略微愣了几秒，轻声应道。

"黑幕……？"

他看了看我，像是下了很大的决心似的："我能看见未来。"

见我一脸疑惑，他小声补充道："只是很小的未来 —— 你不信算了……"

"我信。"我笃定地回答。

他压根不指望我去理解，否则表情不至于如此夸张。

"我也有特殊的能力。"

"什么？"

"回溯时间。"我深吸一口气。

一

我和他常常在彩票点周游。当他看见正出售的哪张彩票会中奖时，我便回溯到几秒前，抢先一步买下这张票。

"我从来不知道我的能力能发挥这么大的作用。"实在是个没什么价值的能力啊，除了在摔跤前提前疼几秒，发成绩时平淡一些，毫无价值。

再相熟一些，他变得勇敢了许多——他会吸取我在回溯前所得到的教训。他的生活变得顺利。为此，他经常对我表示感谢。

我是极乐意帮他的，可我也常困惑："跳过了这些生活中极其重要的瑕疵，真的好吗？"我从来没有这么频繁地使用过这个能力。

"人们去经历，去面对挫折，是为了培养面对困难的韧性。"他说，"既然我们有方法避开这些困难，为何还要去忍受挫折？"

罢，罢。言之有理。

# 二

今天距公司聚餐已过去了数月。我们已是十分密切的挚友了。

我们去餐厅排队就餐——不料已经过去了半个小时，还是没能排到我们。

"我只能看见，我们一直等在这里。你还是快回去，我去吃寿司吧。"他有些烦恼地说。

"我就这么回去，不就是落下你了吗？况且，多大点事啊，再等等吧。"我尝试着拒绝他。

他却生着气，一甩手站了起来："陵，我们是朋友啊，你创造了我的完美生活，我哪次有过质疑？你就连这举手之劳都不愿意费在我身上吗？"

我也就顺势站了起来："你是舒服了，这对我来说是双倍的等待！你从来没有考虑过我吗？我们是朋友？你不过是在利用我罢了！"

他说不出来话，背过身径直向出口走去。又是这样——他永远猜不到他是第几次背对着我这样离开了。我却总是重新回到先前，但终究是得面对的。我想——明明是朋友，他不知从何时起，再没与我度过哪怕一秒钟。

我静静地望着径自走上马路的他。

突然，他转过头大喊道："是你让我经历了这些！你会后悔的！你会回去的！一定会……"

这时一辆轿车飞驰而过。

## 三

我呆呆地望着病床上的他。

他还在流血，他被车碾了，伤得不轻。

"为什么……不回去……"他虚弱地挤出几个字来。

我安静地听着床边时钟发出的嘀嗒声。

"我不想逃避这个你，更不想落下这个你。"

这才是你最无助的时候，这才是你最需要陪伴的时候。

医生再没发来手术通知了。我仍然这么看着他。

"对不起……"他说，心电图成了一条直线平静下来。

我触碰他的手，感知逐渐冰冷的温度，道歉声回荡在紧闭的空间。

我眨眼，泪嵌上了睫毛。

我知道，那是他劝我回溯而做的最后努力，但终究是欣慰和遗憾。

"不会就这么扔下你不管啊……"

我心情沉重地叫来了医生。

## 四

葬礼是我一手操办的。我倾尽了所有存款 —— 我已经落下他太多次了，这一定是最体面的一次。

是时候履行我的承诺了。葬礼结束，我坐在江边。

几个少年在周围打闹着，臂上绑着黑纱。

我第一次想与这个别离过数百次的世界道别。我离开了，是否会使这个世界的这个我变得不同？

我站起来，闭上眼……

# 五

我们是在公司聚餐上认识的。

"庆祝公司第十一财年的丰收，我们将随机抽取场下一人给予现金奖励……"

这不小的数额，使所有人为之紧张 —— 除了我和他。

他正看着她，我正看着他。

"怎么，你早就知道是她了？"

…………

## 清湖点评 ▶▶▶

　　"我"和"他"分别有着特殊的能力，他能预见未来，我能回溯过去。所以，我们的组合，就能创造奇迹。但完美的世界，就真的是完美的吗？至少有一点它不完美，那就是完美的世界缺少了惊喜，缺少了不可控的未知。如果世界完全是可控的，那么人们也就失去了挑战的意义。

　　故事的结尾，两人又再次回到初识的原点。

　　那么，故事接下来是进入一个死循环，重复过往的经历，还是被"我"终止这一切呢？

　　结尾是开放的，在这个开放的结尾中，每个读者都可以自行脑补出自己的答案。

第 13 篇

# 海风吹过少年笔尖（三）

## ——记述一群初中生写作爱好者

几经更迭，造就今天我们这个写作兴趣爱好小团队。它还有个不便透露的很生猛的名称。

相聚深圳文博宫。我手拿几支不同的笔，写下既往的人。但几日前留在黑色封面本上的几个短句，叫人很不痛快。

由文博宫山脚下仰望山顶，心中生起一股"会当凌绝顶，一览众山小"的壮志情怀。攀山，胸中情思起起伏伏，耳闻山泉水汩汩作响，笔也忘了那不求所踪的一瞬。

山路蜿蜒而上。途中曾拿笔出来抒写些什么，它只是刺破已有的几个短句，还奢望着执笔人写出什么好文章。到了山顶，笔尖触着了近海远山的诗情画意，然而观景台下目光紧急迁回，不远处一栋突兀的建筑遮挡了视线 —— 墨水倾尽，也无法一泻千里！下山，看着山重水复流向山涧，笔墨不再起伏。晚间，同一空间团友里的几支笔，在各自世界笔走龙蛇。我手中的笔，它只好在诗句之中独自凭吊 —— 当晚墨囊空空。我侧倚着靠拢垃圾桶，并斜视桌上我从山泉中接来的那瓶水。

第二天活动，我带了一支伴我长情的笔。它总是夹在黄皮书中：《周易》《老子》，夹得它气喘不已。"笔生既短，何故永远埋在两本厚书中残喘？"曾这样想。它总在人造灯光下醒来，与四周不同的笔抄写相同的文字，日复一日，如此往复。夹在这黄皮书中的笔，不知换了多少次。它见证着我的文字从最初的松软，日渐硬实了起来。

"应无所住而生其心。"长仅八厘米的一支笔，颤抖着抄写下宽度二千多年的短短八个字，又是一晚辗转反侧，当晚暴墨。


想起《我爱我家》一些写作囧事。被三个老团友玩笑了一年多的梗——作为这个梗的当事者之一，那支笔至今仍在哪个角落中惭愧无比。"我爱我家，那有我爸，我妈，我和王八。"时光带不走稚嫩的字句，只好一直在哪个角落，在等着谁来谴责、来笑话，等着谁来想起它。如今，那只老王八早已离开了。物是龟非，调侃那些字句的人随时随地可以联系上，我却怎么也找不回那支笔。

还有《妄想症患者》，以其"令人看不懂"这一点被几个团友取笑了很久。然而，作为一支富有纪念意义的笔，它至今规整地置于书柜上。对于这篇文章，它始终是不甘的——我知道终有一天，我将重新拾起它，用它仅剩的墨重写一篇《妄想症患者》。

最为可贵的团友们，我们不只相遇在教室，更是相知在人间。

难忘那个雨天，我们跟着老师——那个身着翩翩风衣却也在雨中逃避的知名作家，低声叫着奔逃在雨中。雨愈发大，我们踩着湿滑的水泥地，漫无目的穿梭在深圳布吉老街。此时，哪里有什么少年写作天才，不过是一群连下雨天如何躲雨都不会的学生，不过是一群雨天专对着水坑踩乐的少年。我们在泥水地上奔跑，没有人摔倒。一群人堆积在一处小小的临时避雨所。空气不曾凝固，有欢笑，也有雨落，有人仍念念不忘当晚的木屋烧烤，有人打量身边的同伴，而对那些深刻的文章只字不提。没有哪支笔曾亲历这雨中曲，但我终究用笔抒写了我们团队最亲切的烟火气。

班长贾楚隽的笔通常简朴规整。班长笔下的文字从来怪诞离奇，立意深远，实在引人诧异无言。执笔人架着黑框眼镜，初始便以"杠精"著称，却为这个集体调出几分和谐。

初二女同学的中性笔，剑气弥漫。殊不知这笔下刺穿了多少社会阴暗丑恶，以至于回看笔主——李佳颖，似乎正透着一股正气。

有一支我见了许多年的细笔芯，其笔下永远是细致入微的描写。不乏故事创新，光是文笔已令人深感震撼。杨雅钧——其描写中永远不乏三分典雅婉然。

郑矞予——笔下的线条尤为舒缓流畅。每回读他的文章，仿佛如约来到茶楼。他的文风平和儒雅，其深处又泛着几分锐利。见字如面，执笔人同样气质儒雅。波澜不惊的眼中，有着同龄人少有的沉稳——随时开口即是深刻。当然，聚在一块谈天说地，他面上仍是孩童的笑颜。

郑铮予——作为年龄最小的成员，他笔下爱憎分明，如此才是少年真情。无论课上课下，永远一副专心致志的模样，很多时候令我自愧弗如。

起笔，落笔。我此刻握着就要更换的笔，继续抒写我们未来的故事。

　　以笔设喻，构思巧妙。笔下世界，别有洞天。文章优美动人，此处不再赘述。作者首先有悲悯心。悲悯之心，是人类最伟大的情感。人性在悲悯之中闪耀光芒，否则人将不复为人，而是野兽。其次，是敏感心。她能把人间细微的触动，联结到自己的心灵，一同颤动，同频共振，产生共鸣。

　　不是所有人都要当作家，也不是所有人都能当作家。作者才读初一，一切都才刚刚开始，一切皆有可能。但如果要对她的未来提一个建议，愿她将来不论从事什么职业，都不要丢了写作，否则，将是她人生很大的一个损失。

《子卡黎》系列　鲁芳宇

# 《风》系列

杨雅钧

**杨雅钧**

女，13岁，北京师范大学深圳南山附属学校初二学生。

爱好阅读（不限文体）、写作、画画、书法、游泳，是中西合乐的精灵女孩（小提琴＋阮），深圳交响乐团附属青少年团小提琴手。其中，小提琴从4岁开始练习，至今已是英皇八级，在国际比赛中多次获得金奖。

人生感悟：你必须十分努力，才能看起来毫不费力；趁我们头脑发热，我们要不顾一切增长知识和才干。

# 美而不自知，吾以其美之更甚

## ——读雅钧同学作品随感

雅钧同学是我班上最有才情的学生之一。认识雅钧，再读她的文章，更是饶有趣味。

初识雅钧的文章是从《风》开始的。用昼与夜的对比，将城市中"生命之轻"与战乱中的"死生之事"相对照，烘托出了一个宏大的主题。雅钧文笔自不用说，往往寥寥数笔就能勾勒出有故事的人、有冲击力的镜头。让人震撼的是，六年级学生，本是一个混沌在自我世界中的年纪，雅钧却仿佛开了"天眼"。我惊异于她在斗室之间，却能将"远方的哭声"听得真切，这背后映照出的，是一个纯真的生命发乎天性的悲悯情怀，难能可贵，让人动容。

对于一个少年来说，《风》《镜子》《小偷的成与败》这些题目真是太难了，既缺乏类似的经历，又很难共情。于是兴致勃勃地想看雅钧如何应对，反复读了几遍，沉吟许久，直到被情节描写点化，才恍然大悟，不禁拍手叫好。

《立秋》《紫薇》等篇，是一个少年意欲到成人的世界一探究竟，或可作为一次文学的冒险。《镜子》《海难的迟到者》试图用个体生命的一滴水来映照宏大历史事件，"由相互靠拢、分歧、交错或永远不干扰的时间织成的网络包含了所有的可能性"，完成这种幻想与真实之间的界限连通。文学不一定真实，但不会是谎言，不失为一种博尔赫斯的尝试，雅钧也成功打破了想象和现实的对立状况。

我个人特别喜欢的是《海风吹过少年笔尖（四）》，与其他几篇虚构性作品相比，这一篇的写法反而是最简单的——一种自然主义的表达，但因为是最真实的同学，最真切的生活，最简单的课堂剪影，完全回归具象的生活本身，反而具有不动声色的力量。

我想到雅钧妈妈给我看她小提琴独奏的视频。之前，我对雅钧的印象，只有校服和口罩之下的一双眼睛，从小小镜片后透出有点锐利的光。彼时，她在舞台的聚光灯下，紫色裙摆在闪闪发光，我第一次看见，原来口罩之下，她鼻子和脸部的线条极为精致，然而她完全不自知，一心一意地演奏，仿佛那根本是一次普通的练习。那首曲子，听来很熟悉，技巧熟练而稳定；却又不太熟悉，充满情感，极富个性化的表达，一股子天真神气，生动感人。正如她用自己的笔，在文学世界里左冲右突，一边是初出茅庐的稚气，一边是初生牛犊的锐气，也浑然不觉。希望继续坚持阅读、练习、修改、优化和提升，用文字向她心中的真善美致敬。

（北京师范大学南山附属学校语文教师　刘东篱）

# 风

风，吹在天空的另一边。

一边是昼，一边是夜。

深夜。在一处高档公寓里，楚茗在给自己倒一杯红酒。绛紫色的液体，随之倾倒而下，溢着酒香，极是醉人。他举杯与自己的一天对饮，微醺的酒气，顿时令他身心愉悦。

又是疲惫的一天。他扔下公文包，随手拿起手机，打开一个游戏页面。布艺沙发柔软的触感，让他很是满意。

他是公司的高管，领着几万元月薪，住着近百平方米的公寓，是猎头眼里的红人。他打开电视，一边与同事联机，一边看新闻。电视正播着中东的战况。他唏嘘了一下，摇摇头，将电视调换到了下一个台。

今天又是平静无风的一天。


此时，世界的另一端。一颗炮弹爆炸在千疮百孔的田野上。激起的硝烟，遮蔽了新的一天第一缕阳光。

贫民窟里。如煤灰墨黑的脸上，乌黑的眼惊诧地睁大了。

肆虐的风呼啸着穿过洞口，夹杂着恐怖的刺耳噪声、发动机的轰鸣声，简直如无数幽灵组成的大合唱，似亡魂在嘶哑地哭诉着自己的消亡。

飞掠过的炮弹也夹带着风声，是死亡的轻声邪笑，带着狰狞。Amy 就是这样带着恐惧，与自己的兄弟姐妹蜷缩在一个阴暗潮湿的角落。防空洞上积的雨水，滴落在凹凸不平的地面，发出脆响。

洞中死一般的宁静。

战斗机的声音远去了。Amy 抬眼看了看自己的大姐。Amy 今年 6 岁，本该是上学的年纪。她父母在一次空袭中丧生。她的大哥被拉去参军，生死未卜。残酷的战争使 Amy 比寻常的孩子更为成熟，她的听觉也更为敏感。

她又听到了。死亡的声音。

大姐一直兼着母亲的身份。此刻，她眼中平静无风，Amy 看到她爬出了防空洞。"我去找点吃的……"这是大姐轻微的声音。

从防空洞的小风眼中，Amy 看到自己的姐姐逆着光站在阳光下。紧接着，一颗子弹穿透了她，绯红的鲜血从前胸喷涌而出。

染红了整个天空。

天空密密麻麻掠过一群战斗机，似振翅而发出嗡嗡声的蝗虫。

楚茗，被深圳湾的晨风轻轻抚摸。他斜躺在布艺沙发上，发出含糊不清的梦呓。

天空的一端，平静无风。是夜。
天空的一端，狂风呼啸。是昼。

清湖点评

本文写作要求：以《风》为题，且以"风，吹在天空的另一边"为开头，续写文章。

本文将天空两端，一端是平静安宁的黑夜，一端是死亡的笼罩，进行对比。天空的一边是充满希望的"生"，另一边是令人绝望的"死"。

文章开头处用简短的独句"风，吹在天空的另一边。一边是昼，一边是夜"巧妙地统领了全文，又与末段内容首尾呼应，寓意深远。

"昼"与"夜"是两幅不同的情景。在平静无风的深夜，都市精英的生活是那样祥和无忧；在狂风肆虐的白昼，贫民窟的难民正在战争中悲惨挣扎。这是两个截然不同的世界，命运似乎并不公平，一边是晴空万里，一边是乌云密布。

别出心裁的双线设计，使得文章结构新颖，立意鲜明。

文章立意深刻，将视野投放于战争与和平；取材巧妙，能引起读者的强烈共鸣。

构思非常精妙，将和平与战争对比，将黑夜与白昼对比，将平静无风与狂风肆虐对比，更具有视觉与心理的冲击力，能引起读者的深刻思考。行文流畅，语言优美，运用了多种修辞手法，内容充实，情节完整。首尾呼应，结尾升华了主题。

文中对贫民窟的描写也令人印象深刻："激起的硝烟，遮蔽了新的一天第一缕阳光""如煤灰墨黑的脸上""如无数幽灵组成的大合唱""死亡的轻声邪笑""似振翅而发出嗡嗡

《风》系列 杨雅钧

159

声的蝗虫"，比喻和拟人的描写，带着一丝夸张，将战争的残酷和人民的悲惨表现得淋漓尽致。

我们每一个中国人，都应该更加珍惜来之不易的富裕与和平生活。

# 立　秋

立秋了。

今天，第十一家……

一直以来，众为都暗暗腹诽自家的地理位置。

出门左拐穿过逼仄的小巷。右拐，左拐，再左拐。

到此处，空气质量才有所缓和。

第十二家，不出所料。

嗯，今天求职十二家的任务也完成了。

出了应聘的店门，披上考究的风衣。众为以苦笑回应了一位年轻女子的搭讪。

口袋中旧裂的手机与汗湿的纸巾摩擦，产生令人不快的声响。

讨厌的立秋。


过了繁华区后，众为异常熟练地从袋中取出口罩。

巷已很破败了。两侧的平楼向内侧倾倒。蓝白调凉棚积了灰，直戳巷的对面。铁锈的支架摇摇欲坠。石板路看着早该翻修了，然而它仍撑着老朽的身尽职坚守。

一脚踩上去，命运无非两种：踩在沾灰的青苔上打滑，又或鞋底被类似糖浆的不明液体粘住。

《风》系列　杨雅钧

街道上充斥着垃圾腐烂的气味。

手机忽而剧烈振动，在口袋里。

"喂，是众为？"

"嗯哼，什么事？"

听闻众为略带惶恐而紧张的推托、拒绝回答，对方便语气冷淡挂了电话。

手机掉落。

屏幕碎裂。

众为不是不知道。

他所谓的朋友，大多是如此，常常将他当作免费的仆从使唤。然后，一副慈善家面孔施舍给他无多余金钱购置的东西——如身上的风衣。

他手忙脚乱捡起手机，解开风衣最下一颗扣，用里面的灰衬衣擦净了手机上的苔痕。

灰衬衣原先是白的。


回家，先右拐，再右拐。

尽管众为不屑于叫它"家"。

他是十年前搬至这里的，那时他父母早已离异。

他已记不清父亲的模样了，只记得他说的"不要忘记我"。

在父母离婚那一天。

他忘了他还说过什么了。

他对他也没什么印象了。


右边拐角处的垃圾堆旁，蹲坐着一个手握破酒瓶的人。

他极脏，满脸尘土，皮肤皲裂。左脸与从破衣袖中伸出的右手腕上各有一颗痣，颜色不同。手掌上依稀可见被瓶身碎片刺破的红印。

他眼神极怨，面色发红，显然是喝醉了，嘴唇翕动着说出不知所云的话语："想当年我多风光，真的是，唉，这什么世道……"

立秋，转凉了。那人仍穿着单衣。

那人起身，晃晃悠悠提着破酒瓶乱舞：

"赌，我就赌。怎么啦？结果……凭什么啊？什么世道，那帮匪……"

忽而他的眼神柔和下来。"还有，还有我那个孩子……"浊泪从他污垢的眼角涌出。

众为不说话，计算着从此处成功走过去的可能性。

那人却像知道他在此处一般，跟跟跄跄向他走来。猝不及防，他抓住了众为的衣角。

众为脸色一黑。

这是他求生的风衣。

怒极，他去扯那人的手，生生将衣角扯下了一块，然后抬脚将那人一踢。

他力道不算大，但足以将那人踢远。

没人明说，但这一带一向是肮脏而令人敬而远之的。酒鬼在他身后哆嗦着离去。

他从水坑中伸手捡出一沓未寄出的信纸，字迹洇开模糊。信写了十年了。

他看着那个像极他儿子长大了的背影，喉中发出粗嘎破碎的呜咽。

带着酒气。

众为在落叶漂浮的水沟之间奔跑。

那人断断续续的咒骂声仍形同魔怔，尾随着他。

众为懊恼地盯着那件价值不菲的风衣。良久，他移开眼。

毫无征兆，他又想到了那个人。

他家一直不富裕。为赚钱，父亲开始进赌场。本来仅是为了改善生活，然而后来他上了瘾。于是有一天，他家破产了，父母离异。

父亲离开了这座城。

母亲带着他，几经周折来到这里。

那天也是立秋。

"朋友"们常拿此事与他开玩笑。于是他与他们一起嘲笑、谩骂他的父亲。

众为在房间协助母亲整理物件。

屋子很脏很旧。

墙纸剥落，满是油污。

众为在墙纸的油污与床底的灰尘间，找到了一幅镜框碎裂的老照片。

他微微一怔。

左边是母亲。他认得的。

右边是一个面容年轻的男子，与他六七分相像——他长得像他爸，照片上的人左脸与右手腕上各有一颗痣，一黑一红。

右下角有男人的字迹，显然是他父亲的，署了日期：

"××××年×月×日摄于立秋"

犹豫后，众为仍是将它放置于书架上。

而后离开房间。

一张信纸，从碎裂的玻璃中漏出来。


孩子，爸走了。

爸对不起你。

我没拿走任何东西。

因为也没什么有用的可以给你们了。

有了，大概你们也不想要。

不知道你是不是能看得到信。

爸错了。

爸恨死自己了。

孩子，爸爸爱你。

永远。


爸爸

××××年

本文是命题创作。

杨雅钧的《立秋》，深刻地揭示了一个人的原生家庭对他无情的影响。

父亲好赌，破产；父母离婚；众为在破碎贫寒的家庭中长大。

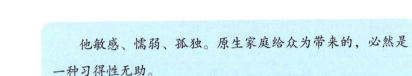

他敏感、懦弱、孤独。原生家庭给众为带来的，必然是一种习得性无助。

这种无助，会在关键时刻，如同魔咒一样，紧紧扼住众为命运的咽喉。

作者用不露声色的文字，为我们刻画出了一个酒鬼的儿子的形象——众为，如此卑微而迷茫地活着，他找不到工作；或者说，他每天都在为找工作而找工作，因为他的无助，从根本上来讲，是从小缺少父母正确的指导和保护所导致的。

酒鬼父亲一直暗中寻找着儿子，但他也只有在喝醉了才去与儿子相认。但这相认的过程，粗暴、令人恐惧。在被儿子踢开后，那滑落泥水、十年来也未能寄出的给儿子的信，令人心酸。

悲剧的本质，就是"可怜之人必有可恨之处"。父亲成了儿子的前传，儿子成了父亲的续集。

希望小人物的悲剧，不要在布满青苔和垃圾霉烂的小巷再上演、重复……

# 第 3 篇

# 这创意，让我激动不已

有幸前往深圳博物馆参观。进了大堂，发现其中有个从未见过的展厅——白墙，形似迷宫。其中场景属实震撼。

红色剪纸，这是我未料到的。手法颇多，有繁复与简单，有写实与意象，有刻画与留白。然其繁而不乱，简而不凡；实而不俗，空而不虚；有而不满，无而不单。有大刀阔斧，也有精雕细琢。手法多样而不显生疏。技巧性虽强，却无没有情感的创意。

整体看有如上的韵味，单独欣赏也别有情调。

内容多半是建党百年的主题展。虽说画面已定型而不能改变，但其仍是极富动感。首幅画不算繁杂，湖心一舟行至景上，隐约有 13 个人影，藏于舟内。湖景大多是千娇百媚的。然此篇作品刀法遒劲、转折有力，组合起来竟毫不违和。作者对湖水的处理，以船为分界点，尤为泾渭分明，船行江中便有乘风破浪之态，所及之处黑暗尽散。

有一幅画是 1949 年中华人民共和国成立之时，对天安门广场的俯 45° 角取景，极具视觉冲击力，画面大气磅礴，颇具海纳百川之感。

收尾的一幅是古今的结合体——疾驰而去的高铁剪影，驼队行走于其后，"一带一路"的途径贯穿全图。整体构思新颖，巧妙运用剪影与留白，辉映成趣。于是，观者有时空折叠之感，一剪横跨千年。

从宏观的全览，再由微观至宏观，又是一种不同感受。

1921—2021，百年时间。走动于展厅的长廊，看陈列的剪纸讲述百年红色历程，竟有了时光倒流的错觉。

建党百年，真正决定了历史的正确走向。它真正消除了中国几千年社会阶层的隔阂。它照亮黑夜，于是黑夜成了白天。出馆后，再看身前建筑林立，看那些本熟悉不过的事物，竟觉热泪盈眶、荡气回肠。

传统与现代，此二者乃对立而统一之物，不可分割。从哲学角度来说，凡事皆如此罢。看到其间统一之处并将其加以出色表现，于大众而言，就是创意。

这创意，让我明白，百年巨变，中华民族的根是不会变的。

这创意，让我激动不已。

## 清湖点评 ▶▶▶

这是深圳市2021年度中考作文真题。

一位六年级小学生现场要完成中考作文，是颇有难度的。

杨雅钧同学正确地理解了题意，并做了一次良好的展示。

读完本文，给我最大的感触是作者完美地诠释了一种叫作"语言美"的元素。文章语言精练，内容也如行云流水般挥洒自如。在作者的笔下，每一处场景都让人感到震撼，这是一场直击人心灵的视觉盛宴，即使读者未曾真实到访，但在这简短的篇幅中亦令人仿佛身临其境。

　　作者先是对整个场景进行了宏观上的比较，写出了它们整体上各自不同的特点；然后分别对《湖心一舟》《中华人民共和国成立时天安门俯瞰》《高铁剪影》进行了详细描绘；最后再由微观至宏观描写整个展厅的长廊。结构完整且富有条理，将博物馆内展出的每一处美景尽收眼底。

　　全文大气而又精致，此两种优点相结合，殊为难得！

《风》系列

杨
雅
钧

# 镜　子

厅堂左边的小房间落满了灰，在晦暗的房间里，晃动着一片好似凝固的光斑。西北角斜靠着一面很大的古旧铜镜。虫蛀的红丝绒镜罩底部被某个仆人撩起，斜搭在铜镜顶部的陈腐雕花上。镜里映射出一个模糊的人影。

奶妈从隔壁房出来，去小房间取扫帚。她的视线落在铜镜上，看到了它内里晃荡的人影，突然尖声喊了一声，瘫倒在地上不动了。

点着昏暗油灯的房间里站着三个人：一对夫妇和一个长着娃娃脸的年轻人。地上坐着一个四五岁的小孩，洋裙的裙摆散在地上，她用白皙而胖的手去擦眼睛。布满灰尘的地板上，还躺着一个瘦小的女人。

"没事的，没事的。"年轻人看上去很面善。他蹲下去抚摸女孩的脑袋，手掌却微微用力，使女孩不得不抬起泪眼去仰视他。"不要害怕……没有什么的，没有什么的。"

他的手掌游离了小女孩，目光转向那对夫妇。

"长官……长官！您，请您一定查出我家发生了什么！一定是……大概，我是说，奶妈是我家的。我清楚，她不会无缘无故就这么——"

她的丈夫威严地注视着她，她立马哑口无言了。然而，她的眼神老往那位年轻人那里瞪。他先生对那个穿制服的年轻人开口说：

"请您赶来这里，是有一个不情之请。今夜里，舍妻眼拙，硬说此间闹鬼了。区区小事，本不想烦您大驾……"话锋一转，"哈，您大驾光临敝舍，能否给于某人——嗯，一个小小的人情？"

夫妇两人笑着陪他进入里屋大厅，于先生扶着他入座客厅最大的一把椅子。她笑着，扭着肥胖的身躯又是端茶又是摆弄糕点。年轻人谈吐自如，人也有气度，与于先生攀谈甚欢，游刃有余，说起话来妙语连珠，句句悦耳。

房门忽然被敲响了，又进来一位军官，面有愠色，神情冷淡。

军官后面是一个抽泣的小女孩，奶妈颤巍巍地抱举着她，几乎挡住了奶妈的视线。奶妈已醒过来，小女孩挣脱奶妈的手下来，跌跌撞撞要跑开。他的父亲弓着背跑去迎接，差点踩到小女儿的裙摆。他的夫人瞪了他一眼，拉过小女孩把她夹在自己肥胖的腋下。她的衣服是丝绸用料，样式却华丽怪异，类似于古代官服、旗袍与洋装的结合物，绷紧、束缚在身上，显露出她一种零碎而粗俗的奢侈。

长官叫他的名字："沈大恒……你怎么来了？"

军官转向夫妇大声说："报告，我不放心长官。"

夫妇半点不敢耽误，小心翼翼地再次请长官走回那间小房。

"就在这里。"在那位身体壮硕气势汹汹的沈军官身旁，奶妈半天不敢多言一个字。长官见状，忙把嘴角抬起，点头致歉：

"不好意思，小弟不才，性情孤僻，让各位见笑了。"

夫妇俩也急忙笑赔不是，见缝插针地介绍这座上了年岁的祖宅。

于先生内心并不像现在表现得热情周到的样子，他是一个有骨气有主见又有些冷僻的人。这点从他对祖上家宅以及于家声誉的高度维护中可以印证。他说："诸位可否听说，于家败落? 非也，错矣! 于家——鄙人不才，于家已存丰厚家产。且看这个——"

他手指轻轻一点，指向那面大铜镜。

"此乃祖上从宋、元起留存的古铜镜，大古董一件。我不会售出的，不会售的。"阴暗逼仄的小空间并不能影响他炫耀，"祖上贻德积福，吾辈所不能失也——啊!"

此时，灯下，铜镜中映出吓人、晃荡的影像。

长官抬头看，又慌乱地扫视众人。

他目光停在镜子正对面的一双古装鞋上。

悬案告破了。

沈军官抬脚出门，长官喊住了大恒，一只手指着窗外。于先生轻拍着胸口呼出一口长气，他的太太终于从惊吓中回过神来。

"你们看外面——"

镜子正对着窗口。

自杀者两脚浮肿，脚底悬着一双将要脱落的老旧布鞋。他的身躯在黑夜与白天中缓慢来回旋转。

第二天，红色的花与白色的花并放在那座无名墓前。两位军官对那座无名墓，深深地鞠了一躬。

当晚，夫妇俩留两位军官吃了一顿晚饭。

饭后，他们回到那间小房间，又畅谈了一番。

沈军官手中多了一只银色的打火机。镀银的，黑底，光滑坚硬。

这是沈军官从尸体的衣袋中取出来的。

"这玩意儿，我们收藏了。"沈军官对于先生轻描淡写地说道。


回到住处，两位军官皱着眉，从打火机中取出一张卷得妥帖的纸条。

纸条上，是一封绝密情报。


男尸"自杀"之前，被两个人吊在屋梁上。

绳子勒得越来越紧。

青年人的脸乌紫，但他一声也没有吭。


而沈军官在等一位青年和他接头，但那青年失踪两天了。

当他接到报案，来到于家，便从镜子里看到了那青年的身影，青年早已挂在屋梁上。

自杀的男尸鉴定出来了，警察局公布死因是吸食鸦片。


晚上，沈军官消失在风雪之中。后来有人说，曾在一个叫延安的革命小城，遇见过沈军官。

但那时，他穿着八路军的粗棉布军服。

再后来，又有人说，他牺牲了。

中华人民共和国成立后，镜子几经周折，被送进了博物馆，封存在玻璃罩内。

## 清湖点评 ▶▶▶

**本文写作要求：**写一篇精彩的谍战小说片段。

于家闹鬼了：祖传的镜子里，竟出现神秘的人影晃动。

两军官接报后来查验现场，发现镜子正对窗外，而窗外另一家的屋子里，有一位男子被吊死在屋梁。

而这具男尸，生前是一位革命者。他至死也不肯透露共产党的秘密。

两军官也是中共地下组织成员，他们从男尸口袋中的打火机中取出绝密情报，其中一人赶赴延安传递情报。故事先抑后扬，于家闹鬼的事，被作者渲染得十分阴森、逼真；人们各怀心思。人物的形象描写、语言描写、动作描写，都比较精准到位，令人有身临其境之感。

往后看，谜底逐渐揭开，真相最终浮出水面。英烈牺牲，并非都那么壮烈；敌我较量，往往都在无声之中。

镜子，则是历史最好的见证。

# 紫　薇

高考时，紫薇花盛开。

成绩公布的时候，紫薇蜷缩在蜗居的一角，用一台老旧的电脑上网。屏幕上方，弹出高考成绩公布的消息。国内一流大学录取分数大概是 650 分。她的成绩比这个分数线高了 50 分。

全市第一。

从常春藤大学毕业后，她选择了留在美国。她记得 16 岁那年的梦想。她一直向往美国繁华的街市，橱窗中的世界名牌服饰。想象中美国的一切都让她沉迷，她渴望融入那里的种种生活。她在美国结婚生子，丈夫蓝翔是美籍华裔。他们生活得幸福美满。

然而，丈夫在一次美国街头示威游行冲突中被子弹击中，心跳永远停止在 45 岁。儿子回到中国留学，一学期只通几次电话。

她静下来思考这二十多年异国生活的意义。她虽然拥有那些财富以及梦幻般的所谓精神优越感，但因沉迷物欲，自己的生活早已平凡而庸俗。

但现在，她愿拿所有财富换取出国之前的生活。她家在近海的小渔村，涨潮或退潮的时候，她常常在堤岸一带玩耍。每年暮春，春花烂漫。女孩迎着海风奔跑，裙摆细浪，海风虽然有点腥咸，但抵消不了海天之际的花香。

那时，她还有一只鹦鹉作伴。

鹦鹉说出的第一个词是"紫薇"，第二个是"春花"。紫薇一本正经地对鹦鹉说："紫薇不是春花。"鹦鹉唯一的反应是歪歪脑袋。

那时，城里的表姐带来了新潮时尚的衣裳和一本本美模杂志。少女的虚荣心作祟，在她心底植下了出国的念头。

那时，少女时期的她羡慕中年时的富裕生活；如今中年的她，却向往曾经的无忧无虑。


今年圣诞节要到了。以往的圣诞节，她往往跟丈夫喜气洋洋地装饰圣诞树，儿子放着摇滚或 DJ，敲着酒杯，引吭高歌。

紫薇下意识抬头望了望以往摆圣诞树的高处，空荡荡——

不知道有多久没过中国春节了。

她想起中国导演的《攀登者》，其中三次的登山失败，并没有使主角受挫。

不管如何，生活在继续，无法改变。

不管如何，面对现实，勇敢去做自己想做的事。

今年紫薇花谢了，明年花更红。


她果断购买了飞往中国的机票。

她回到了离别已久的故乡。

她慢慢发现，分明是自己的家乡，她却融入不进新环境了。她的思维模式已被美国化。她被两边的文化裹夹在中间，进退两难，被这个世界扭曲着，做抗争、挣扎。

她究竟哪里错了？结局注定是悲剧吗？

——假如当初做了不同的选择。

没有假如。


凋谢的紫薇花可以再次盛开，但再次盛开的花，不能掩盖它凋谢过的事实。

## 清湖点评 ▶▶▶

**本文写作要求：以"高考、紫薇花、第一、常春藤、海风、鹦鹉、春花、圣诞节、攀登者、明年花更红"等，有机结合，完成一篇文章。题目自拟。**

人生如围城，出发即单程。

主人公早年向往国外更好的生活，在那个年代，中国和发达国家的差距确实很大。但是，当她在国外生活了二十年，经历了结婚、生子，遇上了国外的一些动荡，她的丈夫在街头的一次冲突中失去了宝贵的生命，这给主人公带来了深深的情感上的创伤。后来，主人公又回到了国内。但是，她发现自己已不能融入国内的生活。

当我们选择了一条路的时候，几乎是没法回头的，就像人生一路向前，没有返程票。

第6篇

# 舌尖上的百年

中华文化源远流长，历史车轮疾驰而去。

事物总会在到达峰值时开始下坠。《周易》云："上九，亢龙有悔。"随着近代欧洲列强的崛起，中国走向下坡路。

"朱门酒肉臭，路有冻死骨。"广大人民食不果腹，美食已在百姓餐桌上消失无踪。

"九二，见龙在田，利见大人。"

1921年7月23日至8月初，中共"一大"在上海秘密举行。7月30日晚，因突遭巡捕搜查，会议被迫休会。此后，"一大"代表在浙江嘉兴南湖的一条小船上开始谋划国家的未来。近代沦为弱国的中国，从此看到了希望的光芒。

虽然在这之后的二十八年里，老百姓生活仍是苦不堪言，但这无疑是有了一个好的开端。

"九四，或跃在渊，无咎。"

抗战时期，百姓的生活无疑是极其艰难困苦的。入睡的百姓，等不到再次睁开眼。战争中，因饥饿而死的人无法计算，人们连性命都顾不上。

抗战胜利，于全国人民而言，无疑是一大福音。

中华人民共和国成立后，中国国力不断攀升，但生产力受历史条件限制，不能极大地发挥作用，也曾有过一些百姓生活困难的时期，但这无疑也为中国积累了历史经验。

中国还未到达飞腾的时机。但这一天，总会到来的。

待到那时，老百姓就会 ——

有了共产党才有人民的新中国，有了改革开放才有人民的幸福生活。

"民以食为天。"从草根野菜，到粗粮面食，再到如今各色美味，中国百姓餐桌上食物的变化，诠释了一部近现代宏大的中国史，也演绎了一曲辉煌的建党百年史。历史的辉煌，又一次照耀中国，党的伟大光辉必将延续千秋万代！

时代选择了共产党，也只有共产党才能改变旧中国！

"一切为了人民，一切依靠人民。"这正是共产党所坚持践行的宗旨。这一百年，是中国共产党风雨兼程的百年，是党与人民群众紧密联系在一起的百年，是顽强战胜敌人、不断战胜自我，走向中华民族伟大复兴的百年。

我们新时代青年一代，应当饮水思源，不忘初心，自强不息，奋勇前进。

清湖点评

　　中国的老祖宗，很早就提出了"民以食为天"。共产党人为何要抛头颅、洒热血，不惜牺牲宝贵的生命，也要为人民换来新世界？

　　共产党的首要革命任务，就是先要让全天下老百姓有饭吃——"打土豪，分田地"，目的就是要让人民获得生存权！

　　作者给我们描绘了这样一幅场景："有了共产党才有人民的新中国，有了改革开放才有人民的幸福生活。"从最初的力求饱腹，到追求享用美食，再到如今健康养生，在党的领导下，我们中国人舌尖上的幸福味道，跃然纸上！

　　全文构思较为巧妙，文笔流畅，说理透彻，真实可感！

# 海难的迟到者

据媒体记载，1912 年 4 月 14 日，"永不沉没"的泰坦尼克号发生撞击冰山沉没事件。

甲板开始下沉。船舷向一侧倾斜。船板在船身的起伏、海浪的冲撞、人流的挤压下移位、散架。船身每一块拉拢骨架的肌腱、每一根韧带都发出垂死前的喘鸣，而钢铁摩擦或撕裂的声音，如船体的每一个细胞都在尖叫。它们因恐惧而尖叫，机械而麻木地持续尖叫。人群也有人在尖叫，也有一些人临死前还在尽职尽责，甚至没有奔跑逃命的想法。

他双手紧紧地抱住船的护栏，或抓着那摇摇欲坠的铁器，恨不能抠进铁器里。

他紧抓着船舷，随船下坠。船快沉下去时，他没有憋气，鼻子将海水吸进肺里，舌尖上一片腥涩……

1922 年 4 月 15 日凌晨。

十年前，他浮在下方的海面上，凝视着远处另一艘轮船消失的灯光。

"您好，有什么事？"他转脸，眼珠僵硬地向下瞥，流露出七分的倨傲神态。他的眼窝向内凹陷——典型的白种人贵族特征，脸色苍白。

"矫揉造作的贵族分子。"那人低声说，声音沙哑而粗糙，带着恰如其分的仇富态度，恰如其分地装在魁梧粗犷的、不似基督教徒的肉体。

"对不起，您说什么？"他摆出一副彬彬有礼而拒人千里之外之相。媒体要求他如此做。这显然很难，但他的学习能力显然很强。

"我应邀来到这里，请问您有什么事？"

那位仇富者摆出绅士一般的仇富的态度（这显然不难，尽管贵族们都会显得高贵优雅又极度受人尊敬）嘟哝吼出一嗓子，径自摇头走了。

他平静地转脸回望海面，脸色煞白——永不沉没的巨轮在此沉没。


他仿佛看到一块木板漂在海面上，被暴虐的海浪冲击着，冰冷的海水浸透他破烂的单衣（这是他仅有的财产，他是偷渡而来的）。他的眼睛中进了盐水，眼窝因长时间的饥饿与脱水而凹陷。他的腹部狠狠撞上了一块木板，胃险些被挤出来。他的双手下意识抓住可以救命的木板，四肢终于可以暂停徒劳的乱蹬乱踢。他颤抖着趴在其上。

一只逃生的小船，挤满了狼狈不堪的妇孺，在水浪中摇晃颠簸，明显超载。他向妇孺们招手。为首划船的妇女，披头散发，疯狂地双手用力划离他。他无奈向离开的船挥舞拳头。

他的手无力地垂下，昏昏沉沉地把快断掉的头搁在木板上，眼睛半睁半闭，半个身子浮肿虚脱地泡在水中。

远处闪着逃生船的黄色亮光，很远处传来婴儿的哭声……一个衣着考究的绅士过来伸出手。

他确实成了海难幸存者。

那位绅士这时推开甲板上的门，指关节礼貌而疏离地屈起，轻扣着船舷上的护栏，不多不少，正好三下。

他转脸，见到来人，赶忙低声下气、紧张惶恐地去握来人的白手套。

来者不经意间轻轻挣开他的手，白手套优雅地搭在扶手上。绅士的手腕跟他的丝绒白手套一般丝滑、细腻而白皙。

"十年了。你表现得'很好'。"绅士冷静地说了一句有头无尾的话，带着极用心的礼节性的笑与极不用心的发自内心的感叹。

那天凌晨，有四位绅士同坐在那一艘救生艇上，小声地交头接耳。几位绅士权衡利弊后划船过来，靠近他的一名绅士转向了他。他无力地伸出手——那绅士却忽而转脸，细白的双手戴上了一双白手套。

白手套轻轻推了一下他。他双手发力抓住船的边缘，咬牙发力，撑身上了船。

他瞄了一下船角的"限载十一人"标识，模糊听着三四个绅士以"什么什么做文章"的交谈。他暗数了一下，包括两小孩在内正好十一人。

白手套绅士在赶来增援的海船上拿出指南针与记事本，对他说："1912年4月15日凌晨4点你获救了。回去有记者的采访，表现得'好'一点。我还会给你一份工作。"说这些话时，他脸上带着不屑的、面具般的假笑。

他们四位绅士成了人们崇敬的见义勇为的英雄。


那只轻拉了他一下的白手套。

"白手套……什么意图？救了我，于是就可以决定我的命运。那人是这样的吗？"他自问，还是改不了自己的奴性、顽劣、自傲与猜疑。

他的思绪来回打转，直到把他自己旋晕，也把他的个人世界颠倒。

他想："我被偷走了十年。"十年，无意义地活着，他一直在媒体和白手套的操控下苟活，像个木偶。

那个穷苦的仇富者对他说："矫揉造作的贵族分子。"他看到他的过去在同他的现在对话。

他，投入大海，加入了十年前海难者的队伍。

他的灵魂随着木板漂向远方——越来越远，越来越远。

## 清湖点评

文章的故事情节较为复杂。他在一次海难中幸存，被一位贵族所救。但是，他失去了自我。一方面他的生命被救赎，但另一方面他的灵魂被绑架。他成为救命恩人的附属品，活在阴影之中。十年之后，他又一次来到这片海域。这次的他，不再选择苟活。贵族们救了"他"，这符合了仁义之举。但他们借此绑架了"他"，让"他"活在"报恩"的深渊之中。

文词优美，描述细致，个别处达到了极致。作者的作品是沉重的，或者说是厚重的，能够以有思想的作家的头脑，思考人性，思考人生。

# 第 8 篇

# 盲 人

《风》系列

杨
雅
钧

他几近焦灼地去摸索口袋中的手机。

"喂，您好……"

手机轻柔地震动了一下，在他手缝间滑落。他颤抖地、缓慢地蹲下，用手掌去摸脚下的地板。痛觉顺着脊髓中的神经末梢传送至大脑，他甩着手，想甩掉手掌上的黏稠碎渣。

手机屏幕碎了，在此之前它就全然黑了。此刻，却在这狼藉中响起了"电量不足"的提示。

他按亮了显示屏。

发绿的光荧荧照亮了他快速移动的指尖，修剪拙劣的指甲在屏保上留下白色的细细划痕。

他的手指在屏幕上划动，是一个"您"字，又是一个"好"字。

他点击了"发送"键。他侧了一点身，跌坐在积满灰尘的沙发上，长呼了一口气。他呼出的白色雾气沾染上了他的黑框墨镜。

"全屏手写输入真慢，效率也不高。"他想。

他没想到这么快就领到了人生中第一次外快。对方是个女孩。

他轻呼了一口气，不知想到了什么。他点开了手机最上角的那个绿色图标。

置顶的是一个女孩头像，自拍，女孩同他说的。女孩的头像鼓着嘴，很可爱。她似乎太过天真了——很像她说话的方式。

他点开女孩发来的最近的一条语音。

女孩很可爱，他告诉自己，也只是很可爱，仅此而已。

她有点像那个被骗转账的女孩。

他解除了与女孩的好友关系，然后他又加上了，并配了一个道歉的萌眼妹表情包。

之后，很快地，他注销了自己的微信账号。

他的卡中多了三千块钱。在此之前，他新开通了一个微信号，又加上了那个"电信基金会"的群。

他购换了新的沙发，布艺的，让搬家工人将原先灰色的沙发扔到了楼下。

那个女孩和他的第一名顾客竟然是同一个人，这是他未料到的。那时他手还不熟，竟让那个女孩看到了自己的电话号码。

一定要在那女孩反应过来之前。

他换了灯罩，米黄色的，带着流苏。阳台上的多肉青翠欲滴。

他真爱色彩。

他刷了墙，还新购置了家具。

这里房价不贵，然而他一直待在他自己的蜗居里。床上摆满了颜色模糊的物件，而他的头压在床头柜上蓝绿条纹的毯子上，日复一日地在他手机的屏幕光中，将他苍白的指尖磨出茧痕。

他有很久没收到女孩的消息了。

——不知该说是"阴魂不散"，抑或"命中注定"。

对方的嗓音带上了沙哑："喂？"

接着是一阵翻找东西的声音。

对方的声音迟疑地顿了一下。

他看到他的手指猛然一滑，通话挂断了。


他从没想到会与女孩成为朋友，不是"顾客"也不是"女友"。

当然，以另一种身份。

女孩很可爱，还是很可爱。她会给他打电话，不是发短信也不是发微信。

女孩给他讲了这个号码前两位主人与她的故事，带着自嘲地笑说自己总共被骗了几千元，还说他是第一个用这个号码并没骗她钱的人。

"我当时打这个号码，是来要债的。"她说。

他心不在焉而心慌意乱地点着头。

女孩并不是一个会藏掖的人，很坦率——似乎太过坦然了。她说她生活挺不容易的。她还在上大学，一边上大学一边打工，几千块已够一年花销了。她没有什么朋友——他是第一个用心听她说话的人。她说。她很可爱，但没什么朋友。这很好理解——他盯着阳台上那盆青翠的多肉，心中腹诽。以前他倒是没认为她话那么多。

他还是没按下手机上那个红色的按钮。尽管在一次谈话中，他的手机似乎已多次提醒快没电了。

她说他的声音很好听。


他正在做他的本职工作，刚问了一个问题，好像是"为什么你会看不见你的题目"。

"我失明了。"

女孩似是不满地嘟起嘴，话音鼓鼓囊囊的。

"就是那天，一个人——大概算是前男友，解除了我和他的好友关系。后来加回来了，但是……然后我的镜片碎了……"

后来的他听不见了。

看不见，闻不见，碰不到任何物体。

他与女孩相同，又与女孩不同。

他忽然想：为什么要把这个工作当成职业呢?

——因为他是一个特殊的人。

因何而特殊?

他摘了墨镜，用手背抹了一下面部，用衣角擦净了手。

他要给女孩打个电话。

他拨通了女孩的电话。

"喂，您好! "

对面是女孩匆忙的应声，中途突然狠狠地转了个调，拐到了一个尖锐而沙哑的高音。

刹车声。

手机不合时宜地响出电量耗尽的提示声。

他挂了电话，塞进兜里。

他又伸手去摸兜里的手机。

"喂，您好! "

很久以前他也接到过一个电话。

然后，他戴上了墨镜。

本文写一个受害女孩的故事。

他利用微信群，伺机实施诈骗。女孩是他的猎物，也被他反复欺骗。他与女孩，虽未见面，但总是通电话。女孩向他坦露心声，倾诉被欺骗的经历。他的灵魂终于有所触动，主动给女孩打去电话。未料到，这竟导致女孩在接电话时，出了车祸。女孩在长期的倾诉中，以她自己的不幸遭遇，逐渐感化了骗子，使骗子也对她产生了愧疚。

两个主人公，男生与女生，是一对"盲人"。骗人者与被骗者，其实都是"盲人"。骗子财迷心窍，是盲人；受害者不能明辨是非，也是盲人。

这是一个寓意深刻的后现代主义风格的故事。作者成功刻画了典型环境下小人物的命运纠葛。

"柔弱胜刚强"，一贯是老子的重要思想。这是古老的辩证法：刚易折断，柔能长久。

《风》系列　杨雅钧

第 9 篇

# 小偷的成与败

别墅前有一块花圃。

花圃旁闪过一个人，脚步轻盈，脚尖点在地面上，没有用力就将身体轻飘飘撑起。手指长得奇异，十个指尖灵巧活动，他在玩某种抛接游戏。

他把玩着手里的一把石子，其中一颗闪闪发光。他用指腹捻起石子，搓一下，向花圃掷去。

第 10 颗。第 11 颗。第 12 颗。他将第 13 颗石子丢出去了。13？一个西方人认为不吉利的数字。光线吸附在它表面，光点在跳跃、闪烁——一颗钻石。

他脸上开玩笑似的表情消失了。他咒骂了一句。

一颗价值不菲的钻石。


当他抬脚跨越花圃的围栏，花圃的主人来了。

西装，领结，发胶护着头发。

严肃的语气：

"先生，你在干什么？"

他将脚从被踩弯的花茎上移开，摆出早已准备好的微笑。

"啊，先生，您看，"陌生人摊开蜘蛛腿似的手，"我在这里走过，被您种的花所吸引。我是个粗人，但这般、这般美丽的花圃——我正欣赏着。"他接着说，"一阵风吹来，吹走了我手里心上人的照片，可恶啊！它落在花圃的中间，就那两朵黄色玫瑰旁！您看——"

"你把什么东西丢进了我的花圃，年轻人？我看到了。绝不会是心上人的旧照片。你该不会是个扒手吧？"

他的眼神瞬间躲闪了一下。

"先生，我保证没有恶意。""是戒指——那是结婚戒指——对于我们没钱人来说很贵重。"他提高嗓音反诘，"我知道了，你该不会想要偷偷拿去吧！"

"不允许你进花圃半步，快离开！不要用你丑陋的手，碰到我的花丛一下！"


主人决定半夜去剪掉那两枝碍眼的黄玫瑰。它在一丛红玫瑰中尤其碍眼。主人认为它是低劣的玫瑰品种。为了不让邻里看到他弯腰寻找什么的丑态，这项活动必须在晚上进行。


风搅动花丛。颤抖。摇曳。

主人小心翼翼地在花间行走。红玫瑰践踏了一朵都是浪费。

他顺着光，越走越快。

由花圃边缘向中心逼近。

一只手，在模糊的黑夜中张牙舞爪。像一只蜘蛛在地面上爬行般，两根蜘蛛腿准确地掐住了猎物的七寸。猎物在夜空中闪着奇异的光。

花丛中探出一个脑袋，狡黠的眼神，慌张地一闪而过，隐没在花叶里，没了影。主人惊呼："谁？"

——是上午的陌生人。

主人愤怒地冲过去，手里拿着张开的大剪刀。

花丛被自己踩倒了一大片，花瓣踩没在泥土里，根茎断裂。他却无影无踪。

他在墙角耗了一个多小时，轻声喃喃自语："天快亮了，现在回家。"

他认为——那个主人大概没有看清他的脸。

天亮了。他越过了别墅区，向泥泞、破败的地方奔去。

陌生人端详着手中的石头——

假钻石。

到底是哪里错了呢？他想。他没有看清贵妇人的脸，她身上有一顶蓝羽帽和浮夸的吊坠。

"嗨，在干吗？"是邻家的胖女孩。她家很有钱，人尽皆知——主要是因为她的父亲是个吝啬鬼。"我爸不让我戴宝石项链出门，但我想体验一下有钱人的生活。你知道的。"她眨眨眼，戴上手中的蓝羽帽，一只胖手拎起一串项链。

"真是人心险恶。这项链仿造得是真像——"他说。

项链的吊环，缺了一颗钻石。

清湖点评

本文写作要求：故事要有有趣的情节、多处令人惊诧的反转、精致的环境描写。

一个自作聪明的小偷，从一位穿着富丽的"贵妇"身上，偷来了一颗仿佛价值连城的"钻石"。他在把玩着手中的石子时，不小心将混入其中的"钻石"丢到了路旁的花圃里，在与花圃主人"周旋"后，他半夜从花圃中找回了丢失的"钻石"。

当他沾沾自喜时，却发现这是那位假贵妇项链上的假钻石，这样的结局是多么讽刺和荒诞。花圃主人也因轻信了小偷的一面之词，使自己心爱的花圃惨遭践踏。全文通过细节描写，演绎出了不同人的内心世界。

胖女孩追求的也是虚荣。她为了体验贵族生活，佩戴假首饰出门。在作者笔下，这群貌似追求极致的人，正是一群失败者。他们是在追求的过程中，丢掉了"真"。因失去了"真"，也就失去了"真善美"。一个完整精彩的故事，引人入胜，发人深省。

《风》系列　杨雅钧

# 第 10 篇

中学生作家之旅——四位初中生现场限时创作集

# 难忘的城市

## ——我的父亲人生经历访谈录

当一个旅者的足迹遍布世界，总有那么一个或者几个城市，是会与那个人的记忆融为一体的。

**南京**——"我从小就在这里居住。"父亲说，"我出生在这里，这里是我的家乡。"

二十世纪八九十年代的南京已高楼林立，分隔城郊的古长城还未修葺完毕。

男孩在夜色中攀上城墙，砖瓦间生出地衣和苔藓。在夏日的星空下，蝉聒噪地鸣唱不停，古老的气息为城市浇上岁月酝酿的醉意。

秦淮河上闪烁着灯光，晚风一扫，天空星光也开始摇曳、荡漾。

**加拉加斯**——"我去了外企工作。工作原因出差，第一次去的国家是委内瑞拉。它的首都是加拉加斯。"父亲说，"机场排队交罚款"。

委内瑞拉是发展中国家，经济上常被大国制裁，机场却很好看。

"下了飞机，过海关的时候被扣下了，要罚钱。"

申报处几乎是清一色的中国人，其中还有华侨或华裔。清一色黄皮肤的中国人排队等待着申报。因为语言不通，双方沟通交流的谈话方式，都变成了眼神交流和肢体语言。

父亲现在想起来，感到那个场面颇为滑稽。

"……总之，这就是当时的情况。后来去了墨西哥和南非也有罚款这一经历——不过二三十美元的金额。但是被罚款者，似乎都是与我语言相通的人。"

**布宜诺斯艾利斯**——"阿根廷去过三四次，两次都是前往阿根廷的首都。"父亲说，"在所有去过的其他国家中，阿根廷是我最喜爱的一个国家"。

欧式建筑、贵族气息与慢节奏，使得阿根廷在拉美国家中，显出一种高贵的矜持，连抢劫都带上了一种高端服务业式的"训练有素"。步骤是：先有人向猎物身上泼一种不可名状的恶臭污物，从四周包抄上来几个人，上前去帮猎物擦洗，尽职尽责地擦洗干净，并将猎物身上的值钱物品一并摸走——然后作鸟兽散。

受害者毫发无损，不会有任何刮伤、蹭伤、抓伤、咬伤——除去一身难以清洗的味道。抢劫地点，也多发在玫瑰宫旁一条狭窄的小巷中。他们也不甚猖狂，受害者若快要跑出小巷，他们便立即停住脚步，不再去追了。

种族歧视的问题，在阿根廷也不少见，白人都处于社会上层，混血人种屈居社会底层，黑色人种不受待见。

但这里，似乎每个人都有自己的生存方法，每个人都能找到自己的生存方向——"因为阿根廷也不相信眼泪。"

硅谷——父亲说："单打独斗的行为，在这里几乎不存在。"

"前往美国硅谷，第一次是 2013 年，是因为与那边洽谈一个合作项目。当时谷歌想要开拓发展中国家市场，准备研发一款安卓系统 1.0。"

谷歌总部与文学作品描写的乌托邦有些相似。园区内部，几乎都弥漫着高度理想主义的幻想色彩。园区内的工作人员身着奇装异服。出入公司不需要打卡。

谷歌的工作形态是"讨论 + 合作"，工作基本单位是小组。——单独去完成创造创新的个体意识，在这个永远不缺乏天才的地方，难以生存下去。

创新的灵感来源于爆发性思维与头脑风暴。像软件设计与产品设计这样高创新要求和高烧脑强度的工作，仅凭一己之力确实是难以为继。这里优胜劣汰的狼性企业文化也在逼每一个人思考。

顶尖企业的工作，完全不像想象中那么轻松。公司提供的优渥的物质条件，只不过是附加福利产品罢了。这里每个人几乎都热爱工作、勤奋工作。他们都真正能够胜任自己的工作，并且能够做成出类拔萃的产品。公司尊重人才，人才享受生活，人才推陈出新。

真正优秀的企业与它的员工是合作关系，而非雇佣关系。

迈阿密——边缘人的自豪感。

父亲说："我在迈阿密遇到了一个人。他是 Uber 的司机。Uber 相当于中国的滴滴打车。他是古巴人。"

古巴人说他一天打 4 份工。凌晨 4 点，他前往机场配餐，8 点去某栋大楼当保安，下午去商场当服务员，夜间开几小时出租车。

但古巴人说他每天都很快乐，说是在为自己的梦想努力着。他从事的是城市边缘化工作，但他并不认为自己是一个遭社会厌弃的人。相反，他为此自豪，并且感到自己也伟大。

一个国家要让人民看到希望，就要让人民实现梦想。而一个城市需要的是人民能有充满自豪感的灵魂。如果没有这个自豪感，即使它的GDP名列全球前茅，以后也会变得什么都不是。

**深圳** ——"深圳是一座年轻的城市。我的家在这里。"父亲十分感慨地说。

到目前为止，深圳仍然是中国最年轻、最有活力、发展最迅速的一座城市。

那些痛苦、挣扎，甚至阴暗面，都成了电视机中的历史影像。众人怀揣梦想而来，又有无数人相继离开；这里曾让许多人怀疑、质疑，继而失望。

但是——

"我来到深圳已经是2011年。这时候，深圳已经发展得很好了。"

2013年，深圳高速发展着；

2023年，深圳完全成为一座国际化创新型的现代化城市；

2033—2063年……当我们年轻一代都已垂垂老矣，深圳又将变成什么样呢？

但它是不会衰老的——因为深圳是一座有灵魂的城市。

"有灵魂的城市，是不会衰老的。"

清湖 点评

**本文写作要求：**开展人物采访活动。邀请家长，给作者讲述自己的人生经历，作者用笔记录下父辈的某段历程。

作者以简洁精练的笔触，素描般勾画了自己的父亲足迹抵达的世界各地。有的地方蛮荒落后，有的地方荒谬离奇，有的地方励志奋斗，有的地方充满希望。作者把父亲的经历，采写成十分精彩的故事。人物专访，应该建立在真实、客观的基础上——这一点，作者也比较好地做到了。

结尾部分，深圳的光芒，跃然纸上。我们期许作者对自己的城市——深圳美好未来有坚定的自信。

全文在冷静理性的描述之中，开阔了我们的视野，引起人们的共鸣，并启迪了我们。

# 第 11 篇

# 海风吹过少年笔尖（四）

## ——记写作兴趣课堂的一次"走神"

《风》系列

杨
雅
钧

屋顶在漏水。灰尘与光斑在头部上方的玻璃上汇集、跳动，在玻璃与玻璃的连接处停滞。

班长倚在楼梯间的大理石柱上，一条腿架在另一条腿上，怪异地扭曲着，手指捏着数学题卷，脖颈向后仰去，下颌高高翘起，像一匹嘶鸣的马 —— 被雨水掐断了声音。

来了一位新队友，坐在楼梯旁凸起的空地上，膝盖弯曲至肩部，五官与关节在身体的各个部位有点突兀，手臂的皮肤很黑。

"阿鲁哥"现在没束头发了。她将口罩上提，手臂与手腕线条流畅，似乎带着某种奇妙的韵律。奇异而凌乱的发丝搭在连帽衫里，校服裤深到发蓝。

"月隐"刚剪短发，发尾微微向四周翘起，手指无意识地触碰在一起 —— 右手指揉搓着左手的指腹。她的唇形很可爱，是那种特殊的俏皮的唇形，唇珠很深，上唇向上翘。

"太子"总戴着眼镜 —— 黑框，方形，很稳地架在干净的鼻梁上。他的后背没有靠墙 —— 即使后背靠着墙，他大概也不会给人很散漫的感觉。

"小皇子"的眉毛很浅，几乎融入白净的肤色，唇缝的弧度很明显，瞳孔很亮——近乎透明，内部有跳动的、发光的未知物体。他和他的兄长并排站立。

还有一个人总是微笑着，眉毛的颜色同样很浅，酒窝会在笑时很深地凹下去。他靠着柱子——那是一种很奇妙的姿态。他站立在台阶上，似乎在雨声中开了口，声音很圆润很稳。

我从窗口的玻璃上看见我的投影，执笔的影像，映照着画纸中的人。

画纸中的人略显单薄、扁平，在玻璃上，怪诞地旋转着，被窗外重叠的景色压成虚影。

画面中，那位指导老师发话了，似乎在提出一个疑难问题。这个问题不简单，六名队友显然都陷入了沉思；每个人思考时的身体姿势各不相同，与考场上低头注目试卷、草稿纸的学生大不同。

班长要继续做出表率，冥思苦想的表情凝固在脸上，突然条件反射式地仰头叹息，像是要将脑勺粘在后背——他的头撞在了玻璃上。

"月隐"的补充回答针对性强。在专注听什么的时候，她的上唇会无意识地向上卷。她的肤色偏深，肌肤很薄，在灯光透过雨滴中闪闪发光。

阿郭（新同学）的言论新颖而奇特。他的"特异功能"十分显著——在使他人的多巴胺分泌过度的时候，自己能保持严肃的面部表情，并继续异于常人的演说。

"太子"郑咨予的发言很严谨，但他的确是一个风趣的人。他的眼神在发言时和他的兄弟相似，眼球的边缘很浅，圆而湿润。

"小皇子"郑铮予的发言令人惊异，稚嫩而不稚气。当专注于自己的谈吐时，人们很难看出他是一位在读四年级的孩童。

他的思维独立而自成一派。

"阿鲁哥"有时是压轴发言者。她的声音无疑很好听——发言声音会比平常声音稍高，停顿前会比平常略低，带着一点犹疑的语气。

老师会等待每人把话说完。他话语间的停顿与声调安排得都近乎完美，似乎是与人的思维逻辑完美咬合的齿轮。


我想象着他们的模样、眼神，还有声音。我仿佛听见了他们的谈笑声。假如睁开双眼，或许可以看见他们——在那个下雨天的地铁站，雨水顺着屋檐滴落，附着墙壁蜿蜒而下……

我睁开眼睛。头顶的台灯亮得刺眼，窗外的雨模糊而低吟，连在一起。

我意识到自己的手肘与笔记本摊开的纸页在摩擦着发出声响。我意识到老师正注视着我，而我还没发言。

我看见我的嘴唇上下开合，发出无意义的单音节。

——我意识到，正在上课，而我走神了。

清湖点评

一次"走神"，写出了一篇佳作。

作者具备了一种"零度写作"的能力。这种能力固然有天分的因素，但更离不开刻苦的训练。

这是一篇文学上的"写生训练"。所谓"写生训练"，就是和美术上的写生一样。美术上的写生，是直接以实物或风景为对象进行描绘的作画方式；文学上的写生，就是把一

《风》系列 杨雅钧

段真实的场景以及场景中的人和物加以描写。

　　"零度写作"，作家余华为我们做了一个良好的示范。何为"零度写作"呢？就是以一种上帝视角冷峻而不带任何情感地去描写。作者不带情感地写作，读者反而能在自己内心爆发出情感，这就是写作的辩证法。反之，有的作者在文中长篇累牍地抒发情感，发表议论，没有把阅读的思考权交给读者，从而导致读者的反感。

　　当然，"零度写作"是一种高级的写作技巧，唯有多练习，才能很好地把握。